DE

L'HOMICIDE

COMMIS

PAR LES ENFANTS

PRINCIPAUX TRAVAUX DU MÊME AUTEUR

De la contagion du suicide à propos de l'épidémie actuelle. *Thèse de Paris*, 1875.

Nouveau procédé pour la conservation des pièces pathologiques avec leurs altérations caractéristiques. — *Union médicale*, 1876.

Un mot sur la contagion du crime et sa prophylaxie. — *Union médicale*, 1876.

Des troubles intellectuels dus à l'intoxication lente par le gaz oxyde de carbone (vulgo folie des cuisinières). — Asselin, 1876.

Des rapports de la phthisie pulmonaire avec l'aliénation mentale au point de vue de l'étiologie. — *Abeille médicale*, 1877.

Des pseudo-guérisons dans les maladies réputées incurables. — *Journal d'hygiène*, 1877.

De la folie jalouse. — Asselin, 1877.

Le tueur d'enfants. Étude médico-légale. — *Journal d'hygiène*, 1878.

Note sur l'emploi du sulfate d'atropine dans l'entérite chronique des aliénés. — *Annales médico-psychologiques*, 1879.

De la démence dans ses rapports avec l'état normal des facultés intellectuelles et affectives. — Asselin, 1878.

Des aberrations du sens génésique. — 2ᵉ *édition*. Asselin, 1880.

De l'infanticide au point de vue de la responsabilité morale. — *Annales de Gynécologie*, janvier 1881.

CORBEIL. — Typ. et Ster. Crété.

DE
L'HOMICIDE

COMMIS

PAR LES ENFANTS

PAR

Le Dr PAUL MOREAU (de Tours)

MEMBRE DE LA SOCIÉTÉ MÉDICO-PSYCHOLOGIQUE

MEMBRE CORRESPONDANT DELLA SOCIETA FRENIATRICA ITALIANA, ETC., ETC.

PARIS

ASSELIN ET Cie

LIBRAIRES DE LA FACULTÉ DE MÉDECINE

PLACE DE L'ÉCOLE-DE-MÉDECINE

1882

DE L'HOMICIDE

COMMIS

PAR LES ENFANTS

AVANT-PROPOS

Depuis quelque temps, l'attention publique a été mise en émoi par le récit de faits tellement monstrueux, que l'esprit étonné se refuse à croire à leur authenticité.

On a vu des enfants commettre des crimes artoces et devenir des meurtriers d'autant plus redoutables que leur jeune âge écartait d'eux tout soupçon, toute méfiance.

La Presse, écho inévitable de ces nouvelles à sensation, ne peut presque jamais assigner une raison plausible à ces déterminations criminelles : « On ignore quel a été le mobile de ce crime abominable..... on ne sait à quel égarement attribuer le forfait inouï que.... etc., » constituent les formules banales par lesquelles on se contente d'annoncer brutalement un fait d'une si haute gravité.

A quel mobile obéissent donc ces jeunes êtres, dont quelques-uns sortent à peine de la première enfance ? Comment peut éclore la première idée perverse ? Quel en est le germe ? que faudrait-il faire pour l'arrêter dans son essor ?..... etc., etc. Telles sont les questions qui tout d'abord se présentent au lecteur stupéfait.

Or, pour résoudre, ou tout au moins pour donner une explication logique de ces crimes, il faut interroger la physiologie et la psychologie.

Sans vouloir anticiper sur les pages suivantes, disons donc de suite que si parfois les moyens mis en œuvre pour assurer l'accomplissement du forfait dénotent une ténacité et une perversité qu'on est en droit de trouver étrange, bizarre, anormale vu l'âge si jeune de leurs auteurs, le plus souvent, sinon toujours, ces précoces criminels agissent sous l'empire d'une véritable impulsion instinctive, impulsion qui constitue un des caractères distinctifs de l'enfance. Mais, de plus, il ne faut pas l'oublier, le plus ordinairement, les infortunés marqués du sceau fatal de l'hérédité morbide présentent le type le plus complet de la dégénérescence et physique et morale.

Dans le travail que nous avons entrepris pour répondre aux questions posées dès les premières lignes, nous avons suivi une marche que l'on pourra accuser d'être trop classique, trop méthodique, peut-être, mais qui a le grand avantage, à nos yeux du moins, de présenter les faits d'une manière claire, permet d'établir des distinctions précises et enfin donne une explication satisfaisante des faits incriminés.

Tous les attentats qui font le sujet de ce travail ont été l'œuvre d'enfants dont l'âge varie de trois ans à dix-huit ans, limite extrême qu'après mûr examen et pour des raisons qui s'imposeront d'elles-mêmes par la suite, nous avons cru devoir assigner à nos recherches. Disons en passant que si la loi admet le discernement et par suite la responsabilité des prévenus à partir de seize ans, l'administration hospitalière a fixé l'âge de dix-huit ans pour le passage des jeunes malades dans la section des adultes.

La question de l'homicide, du meurtre de l'homme par son semblable, a été maintes et maintes fois traitée et avec l'autorité des plus grands noms de la médecine et de la magistrature. Cependant, partout, le meurtre commis par des enfants a été passé sous silence ou tout au moins englobé dans le reste du travail, sans mention spéciale. Nous avons vu là une lacune et il nous a paru intéressant de rechercher spécialement l'histoire de cette anomalie psychique à laquelle des actes récents viennent donner une nouvelle importance.

Si le dépouillement des faits assez nombreux que nous avons pu recueillir nous a permis d'arriver à une explication logique, à une explication raisonnée, il faut tout d'abord, pour les bien comprendre, connaître à fond la nature, le caractère psychique et physiologique de l'enfant que nous appellerons normal, pur de toute hérédité, de l'enfant type si l'on veut : or il faut vivre avec lui, l'avoir sans cesse sous les yeux, l'étudier à tout instant dans ses moindres actions pour comprendre quelle merveilleuse aptitude il possède à recevoir l'empreinte des plus minimes impressions.

La curiosité si naturelle et si caractéristique à son âge le porte à voir tout, à entendre tout, à palper tous les objets qu'il rencontre : semblable à une table rase et non encore empreinte par le burin de l'artiste, sa mémoire est toujours prête à recevoir ce qu'on y imprime, volontairement ou involontairement.

A mesure que l'enfant grandit, on voit paraître en lui des sensations rapides mais peu profondes, éphémères, une imagination ardente, une mémoire facile à mettre en jeu, mais peu sûre et presque stérile faute d'un principe qui sache employer convenablement les matériaux amassés par elle. Son attention est légère et difficile à captiver : il y a de l'hésitation, de l'incertitude dans la faculté de juger qui subit tour à tour les influences les plus diverses, se laisse entraîner par les opinions les plus contradictoires. Il lui est impossible d'arrêter longtemps son attention sur un même sujet, de réfléchir avec calme, d'écouter dans le silence et le recueillement la voix de la conscience : il manque, en un mot, de la comparaison qui rapproche les idées, de la réflexion qui les mûrit, du raisonnement enfin qui décide ou prononce.

Cet enfant qui n'a que des éclairs de discernement, des spontanéités sans racines, sans liens, est en général dominé par les instincts les plus exigeants. Il est

gourmand, voleur, irascible ou, pour parler plus généralement, il a des besoins sensitifs et nutritifs auxquels il n'a pas même l'idée de résister.

C'est par instinct ou par sentiment que le jeune
être pense et se conduit : ses sentiments ont le même
caractère d'inconstance et de légèreté qu'on remarque dans son intellect. Une grande instabilité dans les
affections, que les causes les plus insignifiantes font
naître, poussant à un haut degré d'énergie des désirs
variables à l'infini, désirs qui disparaissent avec la
même facilité, pour faire place à des affections d'une
nature opposée, une volonté impatiente d'être obéie,
versatile et capricieuse à l'excès, nul souci de l'avenir,
la domination exclusive des sensations du moment,
tout entier au présent, ne sentant que le plaisir ou la
peine de sa situation actuelle, se réjouissant et se dé-
sespérant tour à tour, et presque dans le même instant pour les motifs les plus frivoles..... Tels sont les
principaux traits qui caractérisent la vie de relation
chez l'enfant.

On sait encore combien les aversions, les haines,
les jalousies, nous dirons plus, les besoins de vengeance sont fréquents dans le jeune âge. Et que faut-il
pour les fomenter? Peu de chose : des soins, des
caresses, des louanges inégalement partagées, une
préférence sensible donnée à un enfant par ses parents ou par des maîtres inexpérimentés, suffisent
pour déterminer l'explosion de ces passions que l'on
peut réellement qualifier de morbides, de cette jalousie, égoïste si l'on veut, jalousie qu'on retrouve chez

les peuples non civilisés, primitifs, véritables enfants, n'ayant eux aussi que des besoins sensitifs et nutritifs, et, allant plus loin, jalousie qu'on retrouve également dans les espèces animales.

D'après ce que nous venons de dire, on prévoit déjà à quelle cause première on peut rapporter ces mobiles, comment on peut justifier ces états véritablement maladifs qui entraînent l'enfant à l'exécution des plus épouvantables forfaits.

Outre la question prédominante de l'hérédité (à l'étude de laquelle nous consacrerons un chapitre spécial) il faut tenir compte surtout de ce qu'à cet âge l'instinct l'emporte encore de beaucoup sur l'intellect. Telle était aussi l'opinion que Broussais a formulée dans les pages éloquentes de son traité *Irritation et folie*.

Physiologiquement, le cerveau de l'enfant est organisé de manière à ce que le sujet ne trouve de plaisir un peu vif qu'aux impressions provenant des objets matériels : ce sont les seules encore qui ébranlent son système nerveux.

Il aime à se faire obéir, à voir céder à son impulsion les choses inanimées aussi bien que les choses animées. Sans cesse il cherche à exercer ses facultés dominatrices ; ce qu'il fera, par exemple, pour protéger un enfant plus faible que lui, mais qu'il tourmentera l'instant d'après. En général il préfère le mal au bien parce qu'il satisfait davantage sa vanité et qu'il y trouve plus d'émotion, car il lui en faut à tout prix. C'est pour cela qu'on le voit se com-

plaire à briser les objets inanimés : il y trouve en
effet la double jouissance fondée sur le besoin de la
satisfaction de soi-même, de voir céder une résistance et d'exciter le courroux de personnes raisonna-
bles.

C'est d'après le même principe d'actions qu'il se
délecte dans la torture des animaux : il noie des
mouches, bat son chien, étouffe son moineau : on en
voit enduire de cire chaude des hannetons, des cerfs-
volants, les habiller en soldats et prolonger ainsi leur
agonie pendant des mois entiers. En vain dira-t-on
que ces enfants ne réfléchissent pas aux douleurs
qu'éprouvent ces insectes; si le sentiment de la com-
passion leur était aussi naturel que celui de la crainte,
il les avertirait des souffrances de ces êtres, comme la
crainte les avertit du danger à la rencontre d'un animal furieux.

C'est dans l'enfance surtout qu'on fait l'apprentis-
sage de la cruauté : « Voyez, a dit une dame, auteur
anonyme, voyez le petit garçon qui s'amuse; il lui
faut un sabre, une fronde, un fusil : il n'y a pas autour
de lui un mur qu'il n'escalade, ni ne dégrade : pas
un nid qui puisse garantir de ses mains sa première
couvée. » Il enlève à la mère ses petits couverts de
duvet, et les étouffe, en les pressant dans ses mains
encore inexpérimentées. « C'est lui, dit le docteur F.,
qui a inventé la cage en jonc ou en osier, les trappes,
les filets à papillons et mille autres petits engins de
destruction à son usage. Quoique vif et turbulent, il
est patient comme le sauvage dans l'embuscade, il

sait grimper, ramper et deviner, aux indices les plus légers, le nid du pauvre oiseau...; il saisit l'insecte au vol, s'empare du lézard, lui brise la queue, et s'amuse ensuite à la voir remuer. Curieux à l'excès, il veut s'assurer si une mouche pourra marcher avec trois pattes, et il la mutile; si un moineau pourra voler avec une aile, et il la coupe. Il craint les chiens et les chats dont il n'ose approcher, mais il leur jette des pierres. » « J'ai vu, dit le Dr Blatin, d'ingénieux vauriens jouer au volant avec de petits cobaïes qu'ils se renvoyaient gaiement de l'un à l'autre, à coups de raquettes (1). »

Né sans humanité, l'enfant a tous les vices de l'homme, et il savourerait avec le même délice les souffrances des individus de son espèce s'il n'était retenu par la cruauté.

C'est donc sans raison sérieuse que certains auteurs modernes reprenant les idées des anciens ont voulu soutenir la bonté originelle des caractères. « Certes, dit Broussais, tous les actes des impubères n'ont pas ce cachet de dépravation : mais il n'est guère d'enfant qui n'abuse de sa force sur ceux qui sont plus faibles que lui. C'est son premier mouvement : mais les pleurs de la victime l'arrêtent quand il n'est pas né pour la férocité, jusqu'à ce qu'une nouvelle impulsion instinctive lui fasse commettre la même faute (2). »

Cette innéité de la tendance au crime n'avait pas échappé à Gall et Spurzheim : « Il y a, disent-ils,

---

(1) Blatin, *Nos cruautés envers les animaux*, p. 414. Paris, 1867.
(2) Broussais, *Irritation et Folie*, p. 101.

dans l'homme une inclinaison qui va par graduation depuis la simple indifférence à voir souffrir les animaux, et depuis le simple plaisir à voir tuer jusqu'au désir le plus impérieux de tuer. La sensibilité repousse cette doctrine, mais cela n'est que trop réel... On observe que parmi les enfants, comme parmi les adultes, parmi les hommes grossiers et ceux qui ont reçu de l'éducation, les uns sont sensibles et les autres indifférents aux souffrances d'autrui. Quelques-uns même goûtent un plaisir à tourmenter les animaux, à les voir torturer et tuer, sans qu'on puisse en accuser ni l'habitude ni une mauvaise éducation. Et nous pourrions citer plusieurs exemples où cette inclination, quand elle était trop énergique, a décidé certains individus dans le choix de leur état. C'est ainsi qu'un étudiant effrayait souvent ses condisciples par le plaisir particulier qu'il prenait à tourmenter des insectes, des oiseaux et d'autres animaux. Ce fut pour sastisfaire son inclination, comme il le disait lui-même, qu'il s'adonna à la chirurgie. — Le fils d'un marchand qui faisait de même consister son bonheur à tuer, embrassa la profession de boucher. Un ecclésiastique, dès son jeune âge, élevait chez lui des femelles de différents animaux domestiques et, quand elles mettaient bas, son occupation favorite était de couper le cou aux petits. Il se chargeait d'égorger tous les animaux apportés à la cuisine..... etc. (1). »

(1) Gall et Spurzheim, *Des dispositions innées de l'âme et de l'esprit.* Paris, 1811, p. 333 et suiv.

Il est hors de doute que l'homme ne naisse avec un penchant naturel à la méchanceté, nous dirons plus, à la férocité. « Cet âge est sans pitié (1), » a dit notre grand fabuliste, ce fidèle observateur de la nature, et lorsque plus tard l'enfant devenu homme se livre à des actes criminels, tout en faisant la part de l'ambition, du calcul, de la faiblesse, de la vengeance, du fanatisme..... etc., on doit toujours se demander si les diverses causes par lesquelles l'homme s'y trouve entraîné ne sont pas toujours favorisées par quelque propension naturelle.

Sans vouloir empiéter sur le chapitre de médecine légale qu'on nous permette de dire dès à présent que nous n'avons nullement la pensée de faire de ces assassins, comme de tous les êtres vicieux, autant de fous. Il en est beaucoup qui sont du ressort exclusif de la justice humaine, mais il en est aussi d'autres qui sont de dangereux malades, et cette opinion n'est pas un paradoxe.

Est-il plus singulier, par exemple, de voir un tout petit enfant parler correctement, avoir des idées, causer et raisonner sensément, que d'en voir un autre se complaire dans la cruauté, frapper, torturer les animaux, assassiner même des êtres semblables à lui ? Nullement : ils sont tous deux une preuve des jeux de la nature qui se plaît à dispenser un génie merveilleux aux uns, tandis qu'elle accorde à peine le sens commun à tant de milliers d'individus qui la plupart

(1) Lafontaine, *Les deux pigeons*, IX-2.

du temps n'ont que des vices et une nullité absolue.

La plus grande partie des enfants qui font le sujet de notre étude appartiennent aux classes pauvres. Ils sont généralement nés d'alcoolisés, de voleurs, de criminels, de gens perdus de vices et de débauches, tristes individus qui dans les grandes villes vivent presque toujours en communauté, constituant un véritable État dans l'État: ils ont un quartier, un repaire où ils s'allient entre eux et propagent une population criminelle. Jamais on ne les voit exercer un commerce ou une industrie honnête. Dans ces communautés, aucun respect, aucun souci des lois du mariage et de la consanguinité : ne se mêlant qu'entre eux, ils ne donnent naissance qu'à une classe d'êtres dépravés, héréditairement portés au crime. Leur maladie morale existe *ab ovo*, et bientôt l'habitude devient une seconde nature qui s'ajoute à leur dépravation morale originaire.

Pour ceux-là, l'étonnement est moindre et, jusqu'à un certain point, leur origine, le milieu dans lequel ils vivent suffit à expliquer leur crime : on le trouve même naturel. Mais, d'autre part, on voit des enfants élevés par des parents dignes de l'estime publique par leurs principes et leurs actes, montrer dès leur plus tendre enfance les mêmes aptitudes criminelles, la même absence de sens moral. Education de la famille, instruction donnée sous ses yeux, puis dans les collèges, sévérité tempérée par la tendresse, avertissements de tout genre, rien n'a de pouvoir sur ces êtres défectueux. Brierre de Boismont a entendu un de ces infortunés soutenir à 15 ans qu'il n'avait jamais rien compris à ce qu'on appelle la morale, et, continue le même auteur : « Est ce qu'en pareil cas si ce déclassé moral se rendait coupable d'une mauvaise action, la voix de la conscience se tromperait quand elle crierait aux juges : Ne le jetez pas en prison, mais envoyez-le dans l'asile spécial que les Anglais ont consacré aux aliénés de cette catégorie (1) ? »

En résumé, ainsi qu'on le verra dans le courant de ce travail, et les faits sont en majorité pour l'affirmative : c'est dans l'organisation, le caractère de l'enfant, c'est le plus ordinairement, pour ne pas dire toujours, dans les antécédents héréditaires, dans les lois immuables et fatales de la dégénérescence, qu'il faut chercher l'explication vraie, exacte, des faits monstrueux auxquels ils se sont livrés.

Ce n'est pas à dire pour cela qu'il ne faille pas attacher d'importance aux causes physiques, aux causes déterminantes. Loin de nous pareille pensée : mais, nous le répétons, les causes subjectives jouent un rôle bien plus énergique que les causes objectives.

Ces généralités nous paraissent suffisantes pour bien faire comprendre le sens dans lequel ce travail a été conçu et nous permettront d'aborder directement la question.

(1) Brierre de Boismont, *Les fous criminels de l'Angleterre*.

HISTORIQUE

Ces crimes qui frappent d'étonnement et d'épouvante notre société moderne ne sont pas pour ainsi dire un des résultats de notre civilisation. Assurément, il y a beaucoup de cas où la facilité qu'ont maintenant les enfants de connaître les moindres faits des assassins peut exercer une influence perfide dans leurs jeunes cerveaux. La lecture, la gravure, le théâtre, la grande publicité des crimes qui s'accomplissent journellement les poussent à remplir à leur tour un rôle qui les mettra en évidence, qui fera parler d'eux dans le monde, leur donnera une heure de célébrité ! Mais, en général, il faut reconnaître que ces tristes individus portent en eux le germe de leur hâtive perversité et qu'il a simplement suffi de la plus petite cause occasionnelle pour déterminer l'incendie, mettre le feu aux poudres et produire l'explosion.

Ces faits, disons-nous, n'appartiennent pas en propre à notre siècle : que l'on veuille bien en effet jeter un coup d'œil dans l'histoire, que l'on recherche quelle fut l'enfance de ces hommes dont la cruauté fut un perpétuel effroi pour leurs concitoyens ; revêtus d'un pouvoir absolu, leur bon plaisir, libre de toute entrave, de tout frein, était le seul guide de leurs cruautés fantasques, arbitraires, cruautés qui décelaient la triste propension de leur caractère.

C'est sans étonnement que vous verrez *Caracalla* montrer dès sa plus tendre enfance des dispositions invincibles à la férocité, lesquelles se terminèrent, comme on le sait, par des imminences de parricide et l'accomplissement d'un fratricide ; *Commode*, pour une faute légère, ordonner, à l'âge de 13 ans, qu'un esclave soit jeté dans une fournaise ardente; *Caligula* dès son plus bas âge s'adonner aux vices les plus honteux ; *Néron*, cruel dès son enfance, n'opposant qu'un cœur d'airain à toutes les leçons d'humanité que lui donnaient ses maîtres, et tant d'autres dont l'énumération serait aussi longue que fastidieuse !

A une époque plus rapprochée de nous, l'histoire n'est ni moins riche ni moins fertile en exemples semblables.

La cruauté est endémique aussi bien que dans l'antiquité. Les lieux de la scène ainsi que les acteurs ont changé, mais les faits restent les mêmes. Qui n'a présent à l'esprit les noms des Tudor, des Valois, des Médicis, des Romanow, etc. ?

Les protestants disaient de Charles IX : « On l'a exercé de bonne heure à verser le sang des animaux pour l'accoutumer à verser sans pitié celui des hommes. » Voyez encore Louis XI, qui, par les cruautés et les tortures qu'il faisait endurer dans son enfance aux animaux, préluda à ce règne de sang et de terreur ! Rappelez-vous Louis XIII, fouetté deux fois

par son père Henri IV, la première fois pour avoir
conçu une telle antipathie contre un gentilhomme
de la cour, que ses lâches flatteurs ne purent l'apaiser qu'en feignant de tuer d'un coup de pistolet
(sans balle) l'objet de son aversion ; la seconde fois,
pour avoir écrasé lentement, entre deux pierres, la
tête d'un moineau vivant. Quoique le châtiment in-
fligé fût léger relativement au mal qu'il avait fait, sa
mère, Marie de Médicis, fit quelques représentations
sur l'application de cette discipline au futur roi de
France : « Dieu veuille me laisser vivre, madame,
répondit Henri, car lorsque je n'y serai plus, votre
fils maltraitera sa mère. »

Ces paroles étaient prophétiques.

Un seul exemple suffira : lors du siège de Mon-
tauban, un grand nombre de blessés protestants
furent déposés dans les fossés à sec du château
où le roi avait établi ses quartiers. Dévorés par
les mouches, en proie aux tortures de la soif et
aux souffrances causées par leurs blessures, ils
périssaient misérablement, et « Louis XIII, dit
un chroniqueur, au lieu de les faire secourir,
épiait curieusement leur agonie, et trouvait plaisant
de contrefaire leurs contorsions, amusement partagé
par le comte de la Rocheguyon. »

Pierre le Grand, « ce grand potentat, dit Voltaire,
qui a exécuté de grandes choses, mais qui a terni sa
mémoire par un caractère féroce, repaissait ses yeux
des supplices dont il était quelquefois l'exécuteur. Il
avouait qu'il n'avait point vaincu sur ce point son ca-

ractère. » Et pourtant, ce même prince avait été environné dès l'âge le plus tendre de principes corrupteurs. Tous les moyens furent mis en œuvre pour l'efféminer, sa férocité naturelle n'en put être atténuée.

Citons encore le frère du duc de Bourbon-Condé, le trop fameux comte de Charolais, prince qui eut rappelé les crimes de Néron si le malheur des peuples eût voulu qu'il occupât un trône ! Dans les jeux mêmes de son enfance, il trahissait un instinct de cruauté qui faisait frémir. Il se plaisait à torturer les animaux et ses colères envers ses domestiques étaient féroces. Il commettait des meurtres sans intérêt, sans vengeance, sans colère, par simple plaisir (1).

Don Carlos, fils de Philippe II, n'avait pas lui aussi de plaisir plus vif que de voir palpiter les animaux qu'il avait tués inhumainement. Tout enfant il écartelait et massacrait impitoyablement de jeunes lapins et plus longtemps ils souffraient, plus longtemps sa joie était grande. Un jour, étant enfant, un jeune garçon lui ayant déplu, il exigea qu'on le pendît, et ce caprice monstrueux fut à peine satisfait lorsqu'on eut exécuté devant ses yeux le simulacre de cet affreux supplice (2). On sait le rôle qu'il joua plus tard dans la guerre des Flandres et les crimes aussi odieux qu'inutiles dont il se rendit coupable.

L'homme tenait ce que l'enfant avait promis.

Les quelques faits que nous venons de citer, pris parmi les noms les plus connus, nous permettront de

(1) Lacreteile, *Hist. de France*, II.
(2) Legendre, *Traité de l'opinion*.

réfuter de suite une opinion qui n'a aucun fondement
sérieux, à savoir que la fureur homicide, la rage de
destruction, ne s'observe pas seulement chez des
idiots, chez des aliénés, mais qu'il est des êtres qu'on
peut appeler des *incomplets*, qui, à côté des facultés
intellectuelles les plus élevées, poussent jusqu'au dernier degré la jouissance du mal, le raffinement dans
la cruauté.

Un travail tout récent et de la plus haute importance vient confirmer ce que nous avançons. Le docteur P. Jacoby, dans son remarquable traité de la
Sélection (1), démontre de la manière la plus frappante, avec une érudition merveilleuse, les effets de
la dégénérescence chez les familles qui occupent des
positions sociales exceptionnellement élevées. Dans
ces familles, entachées presque toujours, pour ne pas
dire toujours, du vice phrénopathique, on constate un
trouble mental qui se traduit par des singularités
d'esprit et de caractère empêchant la formation et le
développement d'un *moi* solide et énergique, par des
complexus d'idées fortement enchaînées. Aussi la faiblesse et l'inconsistance de la personnalité morale,
et par conséquent une sorte de faiblesse irritable et
le peu de résistance que le *moi* oppose à toute sugges-
tion, à toute idée, à tout désir, à toute impulsion,
constituent le fait primordial essentiel, le phénomène
psychologique fondamental dans les psychopathies,
et aussi leur résultat immédiat, inévitable, fatal.

(1) Jacoby, *Études sur la sélection dans ses rapports avec l'hérédité chez l'homme.* Baillière, 1881.

Voilà donc des faits incontestables et heureusement assez rares, que l'histoire rapporte. Tous ces individus, à instinct de meurtre prédominant, à cruauté froide et implacable, avaient encore en eux d'autres penchants non moins tyranniques. Ils s'y abandonnaient avec d'autant plus d'impétuosité que le sentiment de l'humanité était faiblement développé chez eux. Leur *moi*, seul capable de juger les impulsions, les désirs, les idées qui surgissent dans l'âme, leur *moi*, disons-nous, était engourdi, affaibli, annihilé, souvent hors d'état d'opposer une barrière efficace aux idées fausses et absurdes, aux impulsions terribles qui surgissaient dans leur cerveau.

Considérant donc les faits qui nous occupent actuellement comme des faits véritablement maladifs, portant en eux l'empreinte la plus nette, le cachet le plus authentique de leur morbidité, nous serons donc logiques en recherchant à quelle série de causes il faut les rapporter, à quelle influence cèdent les malheureux enfants qui se rendent coupables du plus grave de tous les crimes : le meurtre !

ÉTIOLOGIE

1° — CAUSES TENANT A LA NATURE MORALE

Les causes que nous avons à passer en revue ici
sont de deux ordres : les unes, qui tiennent à la
nature morale, sont prédisposantes ; les autres, qui
tiennent à la nature physique, sont occasionnelles ou
déterminantes. En d'autres termes, les unes sont subjectives, inhérentes à l'individu, à sa constitution propre. à son organisation ; les autres sont objectives ou
placées en dehors de l'individu.

Mais, nous l'avons déjà dit et nous ne saurions trop
le répéter, c'est ce premier ordre de causes qui est
sans contredit le plus important ; l'organisme est
tout : l'empreinte héréditaire qu'il a apportée en nais-
sant, l'influence des milieux parmi lesquels il s'est
développé et auxquels il s'est facilement adapté dominent la scène.

Un homme dont le nom est bien connu en médecine mentale, Félix Voisin, avait déjà cherché à rapporter aux différentes conditions de naissance, de
famille, les causes de ces étranges associations, et
permettait ainsi d'interpréter plus sainement ces phé-

nomènes pathologiques. Il avait fait quatre grands
groupes de ces enfants :

1° Dans la première classe il rangeait les enfants nés
pauvres d'esprit, c'est-à-dire, avec une organisation
au-dessous de l'organisation commune à l'espèce en
général.

2° Enfants nés comme tout le monde, doués de
l'organisation commune à l'espèce en général, mais
auxquels une éducation première mal entendue a fait
prendre une direction vicieuse.

3° Enfants nés extraordinairement : établis par la
nature sur de grandes proportions. Ceux-là forment
les *grands hommes*, ou les *grands scélérats*, suivant
le cours favorable ou défavorable des circonstances
au milieu desquelles ils passent les premiers temps
de leur vie.

4° Enfin la quatrième classe se compose de tous
les enfants qui, nés de parents aliénés, sont en nais-
sant favorablement prédisposés à l'aliénation mentale ou à toute autre affection nerveuse.

Tout en admettant la valeur de cette classification,
nous croyons cependant ne devoir l'accepter qu'avec
certaines réserves. C'est ainsi que la quatrième classe
deviendra pour nous la première en subissant des
modifications, en élargissant son cadre. Les mots
« nés de parents aliénés » sont trop vagues à notre
avis. Il suffit que dans les ascendants on compte des
névropathes, des gens atteints à n'importe quel degré
d'affections ou d'anomalies nerveuses pour que les
descendants puissent, même à des générations très

éloignées, être frappés à leur tour. Que la folie, que le génie, qui malgré tout ce qu'on a pu dire n'est qu'une manifestation névropathique de nature particulière, soient la source originelle, le résultat sera fatalement le même.

On ne sera donc pas étonné de trouver en tête des causes que nous allons étudier : l'hérédité.

Hérédité. — L'influence et le rôle que joue l'hérédité dans les productions des affections mentales est aujourd'hui un fait acquis à la science. Cependant, il faut bien l'avouer, cette vérité scientifique n'a pas encore entièrement pénétré dans les masses, et si l'on se demande d'où vient que des faits pareils à ceux qui font l'objet de ce travail ont toujours paru surprenants, incroyables, on pourra répondre qu'en fait de caractère psychologique on ne songe nullement à l'organisme, aux prédispositions héréditaires. D'où il suit que le public porte souvent des appréciations étranges, fausses, sur des faits qui s'expliquent logiquement, naturellement dès que la part de l'hérédité est admise. L'esprit cependant, curieux par nature, ne se contente pas de raisons banales, il lui faut une explication logique, qui le satisfasse, plus ou moins, mais qui ait au moins une apparence de bon sens, qui ne lui permette pas de douter si réellement il a affaire à un être jouissant de la plénitude de ses facultés intellectuelles. Certes on admettait bien jusqu'à un certain point l'étrangeté des actes, la bizarrerie des caractères, l'instinct même de cruauté que chacun a pu constater chez quelques enfants, mais

nul ne pensait à rattacher les anomalies que l'on remarquait à leur disposition congénitale, et on s'é-
tonne lorsqu'on entend le médecin leur donner le
nom de Fous!

L'explication des irrégularités intellectuelles et
affectives se montre sous un jour nouveau et devient
intelligible pour tout le monde, si l'on veut bien remonter à la source : informons-nous simplement
des influences héréditaires sous lesquelles les enfants sont nés, et nous verrons qu'elles ne diffèrent
en rien de celles que l'on constate chez les aliénés.
L'observation en effet a démontré que l'explication
des tendances dépravées, de ces instincts cruels que
l'on ne savait le plus souvent à quelle lésion des organes rapporter, devait être recherchée dans les prédispositions organiques vicieuses léguées aux enfants
par leurs parents. Il y a une classe de criminels dis-
tincte des autres individus civilisés et criminels.
Cette classe, dont Thomson (1) a fait une étude particulière, est marquée par des caractères physiques et
mentaux particuliers. Chez elle, la nature héréditaire du crime se décèle par des caractères spéciaux,
par l'historique des familles des criminels ; la transformation d'autres affections nerveuses en crime
prouve également l'alliance du crime héréditaire avec
d'autres désordres de l'esprit, épilepsie, dipsomanie,
folie..... etc. ; la nature incurable du crime dans les
classes criminelles confirme aussi sa nature héréditaire.

(1) J. B. Thomson, *De la nature héréditaire du crime*, in *Mental
science*, 1870.

En réalité, les enfants dont il est question peuvent être considérés comme un exemple de l'action de l'hérédité à son premier degré, impuissante encore à constituer un état mental manifestement exceptionnel et en opposition absolue avec l'état normal. Sous l'influence de ces prédispositions héréditaires, les facultés de l'intellect, les facultés affectives, présentent chez les enfants qui y sont soumis un développement tout à fait anormal. Les passions peuvent prendre chez eux une autorité absolue, une puissance sans bornes, qui les dirigera fatalement et à leur insu, leur fera commettre les actes les plus répréhensibles.

Il ne faudrait pas cependant prendre ceci à la lettre. « Comme en toutes choses, dit l'auteur de la psychologie morbide (1), on observe des degrés et des nuances sans nombre dans les dispositions d'esprit dont nous parlons. Nous avons tous connu de ces enfants qui font le désespoir de leurs parents, par leur indocilité, l'emportement de leur caractère, leurs petites passions, l'inertie ou la violence qu'ils opposent à toute discipline, de ces enfants dont on a toutes les peines du monde à faire fléchir la volonté par des punitions ou des récompenses, dont on peut faire des hypocrites, mais qui au fond ne se corrigent jamais.

L'influence de l'hérédité morale est donc indéniable, et sans vouloir faire ici son histoire, il nous suf-

(1) Moreau de Tours, *De la psychologie morbide dans ses rapports avec la philosophie de l'histoire*. Paris, 1859.

fira de rappeler que dès les temps les plus reculés elle a été l'objet des commentaires des hommes compétents. C'est ainsi que les codes sacrés des Hindous en ont attesté la réalité en différents passages.

« Une femme met toujours au monde un fils doué des mêmes qualités que celui qui l'a engendré : c'est pourquoi, afin d'assurer la pureté de sa lignée, le mari doit garder sa femme avec attention (1). »

« Le manque de sentiments nobles, la rudesse des paroles, la cruauté et l'oubli des devoirs dénotent ici-bas l'homme qui doit le jour à une mère digne du mépris (2). »

« Un homme d'une naissance abjecte prend le mauvais naturel de son père, ou celui de sa mère, ou celui de tous les deux à la fois ; jamais il ne peut cacher son origine (3). »

Mais sans remonter si loin, chacun a présent à l'esprit ce passage de Plutarque sur l'hérédité : « Les enfants des hommes vicieux et méchants sont une dérivation de l'essence même de leur père. Ce qu'il y avait dans ceux-ci de principal, ce qui vivait, ce qui se nourrissait, ce qui pensait et parlait est précisément ce qu'ils ont donné à leurs fils. Il ne doit donc pas sembler étrange ni difficile à croire qu'il y ait entre l'être générateur et l'être engendré une sorte d'identité occulte, capable de soumettre justement le

(1) Manava-Dharma-Sastra, l. I, st. 31. Cité par Prosper Lucas, in *Hérédité naturelle*. — Voir aussi L. Jacolliot, *la Bible dans l'Inde.*

(2) *Ibid.*, l. X, st. 58.

(3) *Ibid.*, l. X, st. 59.

second à toutes les suites d'une action commise par le premier (1). »

Le fait cité par Aristote prouve également que depuis longtemps déjà on connaissait le rôle important que jouait l'hérédité. Un misérable s'excusait en rejetant sur une disposition héréditaire le crime de maltraiter son père. « Mon père, s'écrie-t-il, a battu mon aïeul. Mon aïeul a de même traité mon bisaïeul de la plus cruelle façon, et voyez mon fils : cet enfant n'aura pas l'âge d'homme qu'il ne m'épargnera pas les sévices et les coups (2). » — On se souvient encore du cri de ce père que son fils traînait par les cheveux à la porte : « Assez, mon fils, je n'ai pas traîné plus loin mon père ! (3) »

Ces impulsions transmises, ce penchant au mal plus prononcé chez quelques-uns, cette coïncidence d'ascendants coupables dans des familles tarées aux yeux de l'opinion publique, témoignent suffisamment des prédispositions héréditaires. Le vulgaire accepte ce fait dans son entier, lorsque, dans les campagnes, où la filiation des générations est connue, il signale de *mauvaises* comme de *bonnes* familles.

Des exemples atroces, positifs, en grand nombre, ne laissent malheureusement aucun doute sur la réalité de la transmission de ces horribles vérités, et si les instincts pervers, les tendances de cruauté dus

(1) *OEuvres de Plutarque*, trad. Amyot, ch. xix, et trad. J. de Maistre, p. 46-50.
(2) Aristote, *Ethiq.*, lib. VIII.
(3) *Ibid.*, lib. VII.

à l'hérédité sont si difficiles à déraciner, c'est parce qu'ils créent des aptitudes organiques qu'il s'agit de modifier.

L'hérédité est donc véritablement une des causes les plus actives des prédispositions aux crimes. C'est aussi l'opinion d'un homme dont l'expérience est une autorité en pareille matière : « Il existe, dit Vidocq, des familles dans lesquelles le crime se transmet de génération en génération et qui ne paraissent exister que pour prouver la vérité du vieux proverbe, *bon chien chasse de race* (1). »

Un des exemples les plus remarquables est le suivant : Un brigand écossais fut, ainsi que sa femme et ses enfants, condamné au bûcher pour avoir attiré chez eux plusieurs personnes et s'en être nourris. L'extrême jeunesse de la fille cadette l'exempta du supplice. Mais à peine avait-elle atteint sa douzième année que, s'étant rendue coupable du même crime, elle subit comme eux la peine capitale. « Pourquoi témoignez-vous du dégoût, disait ce jeune monstre à ceux qui la nourrissaient? si on savait combien la chair humaine est bonne, chacun mangerait ses enfants (2) ! »

De nos jours, tout dernièrement un pareil fait frappait d'épouvante : Un enfant de treize ans, pour le plus futile prétexte, assassinait une femme. Au cours des débats, l'expertise constata l'existence

---

(1) Vidocq, *les Vrais Mystères de Paris*, I, 134.

(2) H. Boetius, *Hist. d'Écosse*, citée par Marc, art. Anthropophagie, du *Diction. des sciences médicales*.

d'antécédents héréditaires, et quelque temps après, un de nos confrères était appelé à donner des soins à une très proche parente de l'accusé (1).

En 1845, à Toulouse, un parricide fut condamné à mort. Ce parricide, d'après la rumeur publique, n'aurait pas été le premier dans la famille. On disait qu'il y avait près de quatre-vingts ans, un de ses membres avait été condamné pour un crime de même nature au supplice de la roue, par la Chambre dos Tournelles du parlement de Toulouse. « Si ce fait est vrai, dit le chroniqueur en rendant compte de ce cas dont il semble surpris, n'y aurait-il pas une sorte de fatalité attachée à l'existence de certaines familles, et ample matière de réflexion pour le moraliste (2) ? »

Dans une autre affaire où il y eut condamnation à mort également pour crime commis par le père, la mère et un fils aîné, le plus jeune des fils, un tout jeune enfant, osa menacer hautement d'incendier les maisons des témoins qui déposeraient contre ses parents (3).

Si, comme il résulte de ce qui précède, on constate que les intincts congénitaux de cruauté sont le propre d'aliénés héréditaires en général, il ne s'en suit pas pour cela qu'il s'agisse exclusivement de faits d'hérédité directe, et qu'il soit nécessaire, pour qu'un enfant devienne cruel, meurtrier, que son père ait

(1) Les témoins et acteur de cette scène étant encore vivants, on comprendra notre réserve sur le récit de cette affaire, qui d'ailleurs eut une grande publicité, trop grande même, à l'époque du procès.

(2) *Le Droit*, bull. des tribun., 12 mars 1845.

(3) *Ibid.*, 26 février 1845.

succombé aux mauvais penchants inhérents à sa nature. Comprise de la sorte, la question d'hérédité serait tronquée, incomplète et ne rendrait qu'un compte très imparfait des phénomènes qu'elle doit expliquer. L'hérédité doit être prise dans son sens le plus large : pour nous, et nous avons insisté sur ce point dans d'autres travaux, il suffit que non seulement les ascendants aient présenté des troubles intellectuels, affectifs, névrosiques, pour que les descendants présentent à leur tour des troubles de même nature, quant au fond, mais variables quant à leur manifestation.

Qu'on nous permette de citer une observation à l'appui de ce que nous avançons :

B... est interné dans une maison de santé à la suite d'actes de violences. Les renseignements que nous avons pu obtenir sur les antécédents héréditaires du malade sont des plus précis :

Ligne paternelle.	Grand'-père.....	Se livre à des excès de boisson et s'abandonne sans réserve à son penchant pour les plaisirs vénériens, malgré son âge avancé.
	Grand-mère.....	Très nerveuse, très vive, acariâtre et jalouse.
Ligne maternelle.	Grand-père	Peu intelligent, sans spontanéité, sans énergie, se laissant facilement influencer par le premier venu, et par ses bizarreries excite l'hilarité et les lazzis des habitants de son pays.
	Grand'mère	Très obstinée, impérieuse et d'une extrême violence. Pendant les dernières années de son existence elle se plaisait à malmener les personnes et les choses.

Père	Faible de caractère, orgueilleux, violent par accès, ses pensées sont vagues, rares et fort lentes. Aime la boisson.
Mère	Très intelligente, laborieuse, douce.
Frères et sœur du malade	1° Aîné — Bizarre, non communicatif, peu intelligent, simple d'esprit.
	2° Notre malade.
	3° — Très doux de caractère, douceur contrastant vivement avec la méchanceté de la plupart des membres de la famille.
	4° — Celui-ci est le portrait identique de notre malade, mais n'a pas encore eu d'accès.
	5° — Fille intelligente, mais bizarre dans ses goûts.

Jusqu'à l'âge de dix ans, B... ne donna aucun signe qui pût faire prévoir la maladie dont il est atteint aujourd'hui. Son intelligence était même assez développée. Un jour, il entra dans une vigne pour voler quelques raisins : surpris par le garde-champêtre, il fut conduit au propriétaire, dont les remontrances produisirent un tel effet sur son imagination, qu'à partir de ce moment, il commença à donner quelques signes d'aliénation. Il courait tout nu dans les rues, s'armait de bâtons pour frapper sans motif les enfants, etc. Ne pouvant plus s'en rendre maîtres, ses parents l'envoyèrent à l'école; mais il montra une paresse si grande et un esprit dissipé si prononcé que l'instituteur le ren-

voya chez lui. Alors on le fit admettre dans une maison : trompant au bout de quelques jours la vigilance
de ses gardiens, il revient à la maison paternelle, où
son arrivée fut annoncée par l'incendie d'un tas de
paille auquel B... avait mis le feu. Le lendemain ou
le surlendemain il jeta à l'eau un de ses camarades
dans l'intention de le noyer. Ces actes de violences
motivèrent sa séquestration.

Cette observation montre bien clairement que
l'influence seule de l'hérédité, *quelle qu'elle soit,* avait
semé en B... le germe fatal. Une petite cause occasionnelle, insignifiante en réalité, suffit pour faire
éclater un délire qui se manifeste par les actes les plus
redoutables. Et certes, nul ne peut accuser les parents
de B... de folie dans le sens vulgaire du mot : ce sont
des gens difficiles à vivre, désagréables, quinteux
mais cependant tenant leur place dans la société tout
comme d'autres. Mais pour le médecin, mais au point
de vue psychique, il y a en eux quelque chose d'a-
normal : une exaltation générale du système nerveux,
exaltation qui n'eût demandé qu'une occasion pour
éclater et dégénérer en véritable aliénation. B... a
récolté en quelque sorte toutes ces prédispositions
diverses et, si l'on veut nous permettre cette expression, a payé pour les autres.

Tel est encore le fait suivant :

G..., sans raison connue, tentait un soir d'assassiner
son cousin à l'aide d'un couteau-poignard. Ayant échoué
dans son projet, il acheta un revolver et faisait feu
sur son parent ; le blessé se jeta sur G..., et le terrassa.

Traduit en justice, G... a soutenu qu'il n'avait aucun mauvais dessein. Au cours des débats la question *Folie* ayant été soulevée par la défense, G... fut soumis à l'examen de M. Legrand du Saulle. Le rapport de notre éminent confrère est important : G... est un héréditaire : « Ce n'est ni un convulsif ni un aliéné, mais il ne se trouve pas dans les conditions parfaites d'équilibre cérébral. Sa mère est morte folle ; il a des habitudes perverses et il a des dispositions à l'aliénation mentale. Il n'était pas en démence au temps de l'action. Il est donc responsable, mais avec atténuation. » Sur ces conclusions G... fut condamné à dix ans de travaux forcés, dix ans de surveillance (mai 1879).

Ces troubles intellectuels qui poussent les enfants à violenter, à tuer même les êtres animés peuvent donc reconnaître pour origine une hérédité transformée. On les observe fréquemment chez les jeunes sujets dont les facultés se sont développées prématurément ou d'une façon irrégulière, chez les imbéciles par exemple. On sait que chez ces derniers, nous le verrons du reste plus tard, les affections bonnes ou mauvaises, celles-ci principalement, ont habituellement une énergie qui contraste avec la faiblesse de leur intelligence. Ce qui fait dire d'un certain nombre d'entre eux, par les personnes chargées de les surveiller, « qu'ils sont plus méchants que bêtes ».

Nous avons connu à la Salpêtrière un grand nombre d'enfants qui doivent être rangées dans cette catégorie. Malgré le triste état mental où elles se trouvaient, elles faisaient preuve des instincts de cruauté les plus violents. Nous citerons les observations suivantes parmi les plus remarquables :

Del.., entrée le 25 mars 1870, quatre ans. Idiotie. Méchante, violente, dangereuse pour son âge. Ses parents sont obligés de s'en défaire, ne pouvant la garder et personne n'en voulant dans les salles d'asile. Père alcoolique.

Val.., entrée le 25 mars 1870, cinq ans. Idiotie congéniale ; nul discernement ; violente, colère. On est obligé de la maintenir attachée dans un fauteuil, car elle cherche à mordre les autres enfants, à leur donner des coups de pieds, etc.

Une tante maternelle a eu des accidents convulsifs. Misère profonde, boisson facile.

Has.., sept ans. Idiotie type, bancale, strabique, très violente, méchante, frappe les autres enfants et les vieillards.

Mère très nerveuse.

Sois.., quartorze ans, débilité mentale, exaltation, violences, accès de colère, non maîtresse de ses sentiments et de ses déterminations. Cette enfant est dangereuse par ses colères instantanées à la plus insignifiante occasion : prend tout ce qui lui tombe sous la main pour frapper. La famille n'osait la laisser seule avec ses frères et sœurs, crainte d'accidents. N'a jamais pu apprendre à lire et à écrire.

Un frère rachitique mort jeune, grand'mère rachitique, grand-père épileptique.

Mon père a eu longtemps dans son service à Bicê-

tre un jeune imbécile d'un caractère sombre, irritable, violent, qui était porté à crever les yeux de ses
petits camarades, à leur mordre la figure et les oreil-
les ; il fallait constamment le tenir attaché.

Sans vouloir insister davantage sur cette question
de l'hérédité dont l'importance n'échappera à personne, il résulte d'après ce que nous venons de dire
et sous le point de vue spécial qui nous occupe, que :
les enfants sont prédisposés au même genre de passion
que les auteurs de leurs jours ; que la manifestation
héréditaire peut avoir lieu sous une autre forme, c'est-
à-dire, que le genre de délire ou névropathie ou manifestation nerveuse quelconque physique ou psychique
auquel étaient soumis les ascendants, peut, chez les
enfants, se présenter sous un tout autre aspect.

Il est à remarquer également que le caractère de
l'être qui procrée se propage à des générations entiè-
res et se manifeste surtout bien plus chez ses petits-
fils que chez ses propres enfants ; autrement dit que
les enfants ont plus de ressemblance physique et morale avec leurs aïeux qu'avec leur père et mère.

Si l'hérédité joue un rôle important, il ne faut pas
non plus lui faire porter à elle seule toute la responsabilité. Nous verrons que d'autres causes dont nous
allons passer en revue les plus importantes, en suivant autant que faire se peut l'ordre descendant,
c'est-à-dire, en allant du plus grave au moins grave,
n'ont pas un rôle moindre.

C'est ainsi qu'en première ligne nous plaçons le
caractère :

CARACTÈRE. — Sous le nom de caractère, on entend en psychologie la manière d'être habituelle de l'ensemble des facultés cérébrales chez les différents individus, et se manifestant par l'accomplissement des actes. A ce point de vue, on peut constater sur sa manifestation l'importance de certaines influences tant physiques que psychiques.

Nous avons déjà vu le rôle prépondérant de l'hérédité, plus loin nous verrons l'influence du physique, de l'état morbide des viscères sur le caractère, c'est-à-dire, sur les instincts, avec lesquels ils sont en relation, et de là sur les manifestations extérieures auxquelles ils conduisent d'une manière différente suivant les individus et quelquefois aussi chez le même individu, suivant les variations de cet état.

L'expérience journalière ne permet pas de révoquer en doute l'inégalité des esprits qui en dehors du mouvement spontané intérieur qui leur est propre, peuvent subir des modifications profondes pour cause étrangère ou externe. Or, nous l'avons déjà dit, l'organisation est tout : il faut compter avec les dispositions, l'activité native des facultés intellectuelles morales ou affectives. Partant de ce principe que nous avons affaire à un prédisposé, on comprendra l'action que peuvent exercer sur lui les différentes causes qui, sur des individus indemnes de toute prédisposition héréditaire n'ont aucune influence.

Les inclinations sont innées et l'enfant obéit à une loi fatale ; en voici la preuve :

A. M.., onze ans, est arrêté à une heure du matin sur un banc du boulevard Rochechouart, en état de vagabondage. Sa mère ne veut plus le réclamer, car c'est la huitième fois qu'il s'échappe de chez elle, et cinq fois déjà il a été arrêté dans les mêmes conditions.

Interrogé, l'enfant répond qu'il est très bien chez ses parents, qu'il est bien nourri, bien soigné, qu'on ne le maltraite jamais, mais qu'il *faut* qu'il se sauve, qu'il se sauvera encore si on le rend à sa mère, qu'il se sauvera toujours. « C'est dans le sang », a-t-il ajouté, et il disait cela avec une douceur et un calme parfaits. « Mais on va vous mettre dans une maison de correction », « j'aime encore mieux ça, » répondait-il (1).

Le vagabondage n'est-il pas décidément pour certains enfants, principalement à Paris, un instinct, une manie, une véritable affection mentale, une perversité inconsciente? Pour nous cela ne fait aucun doute : et il ne faut pas oublier que le vagabondage des enfants est presque toujours l'origine des délits et des crimes.

H. L.., dix ans, est depuis longtemps la terreur de ses camarades qui se sauvent avec précipitation du plus loin qu'ils le voient venir. Il a tenté de mettre le feu au logement qu'il occupe avec ses parents, plus tard, à trois reprises essaie de mettre le feu au Théâtre-Historique, où il était figurant. Une autre fois il a mordu le bras d'un camarade et les dents sont entrées profondément dans les chairs ; enfin voleur, il met volontiers la main sur tout ce qu'il trouve. A la

(1) Novembre 1878.

suite de ces méfaits il passe en police correctionnelle. Le tribunal déclare qu'il a agi sans discernement, mais ordonne qu'il sera détenu et élevé dans une maison de correction jusqu'à l'âge de vingt ans (1).

La cour d'assises du Doubs a eu à juger un incendiaire de huit ans : il a mis le feu aux maisons du village de Servin, à cinq reprises différentes et trois maisons ont été brûlées. Il avait fait cela pour s'amuser et *clairer* les enfants. Le tribunal ordonne sa détention dans une maison de correction jusqu'à l'âge de dix-huit ans (2).

D'autres fois, l'enfant est porté aux faits les plus monstrueux :

Browne (3) rapporte l'observation du fils d'un gentilhomme qui avait obtenu tout jeune la permission de remplir les fonctions de boucher chez les fermiers de la propriété de son père. Son plus grand plaisir était de tuer cruellement les poules et les lièvres. Lorsque des ouvriers dressaient leurs échafaudages pour travailler dans la maison paternelle, il s'ingéniait de toutes les manières possibles pour les faire tomber.

La cour de Vienne a jugé deux garçons de seize ans qui avaient placé d'énormes pierres sur les rails du chemin de fer de Tours aux Sables.

— Pourquoi placiez-vous ces pierres sur les rails ? leur demandait le magistrat.

— Pour faire sauter le train, répondaient-ils.

(1-2) Février 1878.
(3) *Journal of mental Science,* avril 1880.

Ils furent condamnés chacun à deux ans de prison (1).

Deux enfants de seize ans ont assassiné un ouvrier de l'usine dans laquelle ils travaillaient. Ils savaient qu'il a reçu une paye de 63 francs : ils le suivent, boivent avec lui dans plusieurs auberges, puis ils le font venir dans un bois pour lui offrir sa part d'une bouteille d'eau-de-vie qu'ils ont, disent-ils, cachée dans la terre. Ils le tuent en le frappant de vingt-neuf coups de couteau. Ils enfoncent l'argent volé au pied d'un arbre, puis ils lavent leurs mains et rentrent chez eux.

A l'audience on leur demande s'il n'est pas vrai qu'ils aient formé le projet d'empoisonner leurs parents et de brûler la cervelle à leurs frères et sœurs avec un revolver qu'ils avaient acheté à ce dessein ? Ces deux misérables n'opposèrent aucune dénégation.

Les jurés après avoir rendu un verdict entraînant l'expiation suprême ont immédiatement signé une demande en commutation de peine pour ces deux criminels de seize ans, qui s'étaient montrés à peine émus en entendant prononcer le terrible arrêt de la Cour (2).

Beaucoup de ces infortunés semblent animés par quelque génie dont l'inspiration se reflète dans toutes leurs actions : le mensonge, la ruse, se dévoilent quelquefois par des trames habiles. La gourmandise,

(1) Décembre 1878.
(2) *Cour d'assises des Vosges*, octobre 1880.

la vanité, la coquetterie, la dissimulation, l'hypo-
crisie, forment le fond de leur caractère.

La même mobilité les poursuit jusque dans le travail entrepris avec ardeur mais aussitôt abandonné.
Rien de plus ordinaire chez eux que les manifestations lascives et les habitudes solitaires. La loi des
convenances ne parle point à ces infortunés dénués
de sens moral. Si parmi eux il y en a de doux et
inoffensifs, un plus grand nombre sont impatients, colères, impérieux ; s'exaltant à la moindre contrariété,
on les voit se ruer sur leurs camarades, lutter avec
tous ou briser avec dépit tout ce qu'ils rencontrent
sous leurs mains, vases, glaces, meubles, etc., quand
ils ne portent pas sur eux-mêmes leur fureur insen-
sée. Cette perversion morale, le plus souvent congéniale, semble elle aussi, dans quelques cas, se concen-
trer sur un ou plusieurs penchants et le penchant au
meurtre, entre autres, se manifeste parfois dans de
telles conditions psychologiques qu'il est impossible
de ne pas le considérer comme une véritable aliénation mentale.

Les faits malheureusement ne sont pas rares : en
voici quelques-uns dont le récit mieux que tout com-
mentaire donnera une idée exacte de ce genre de malades.

« J'ai souvent constaté et déploré, dit le signa-
taire de la chronique des tribunaux (1), ce phénomène qui semble appartenir plus particulière-

(1) *Le Voltaire*, 23 juin 1880.

ment à notre temps : la précocité dans le crime.

A Paris, nous en avons eu des exemples saisissants et qui vont se renouveler dans quelques jours devant le jury de la Seine. Mais la province aussi a ses monstres imberbes : la férocité et la perversité n'attendent pas la barbe.

L'enfant, — il a 15 ans — que vient de juger la Cour d'assises des Vosges est un type accompli de nature criminelle. Il était domestique chez de riches fermiers qui le traitèrent comme l'enfant de la maison. Son maître et sa maîtresse reposaient lorsqu'au milieu de la nuit il s'approche de leur lit et tire à bout portant un coup de revolver sur son maître profondément endormi.

Celui-ci se réveille en sursaut : une sensation étrange non moins que le bruit avait provoqué ce réveil. Il se sentait comme inondé par un liquide chaud. Il allume la lumière et constate que ce sont des flots de sang qui s'échappent de son épaule traversée par un projectile.

Il appelle son domestique, personne ne répond ; en même temps il voit briller dans un recoin obscur de sa chambre deux yeux étranges et la lame d'un poignard. C'était son domestique qui voulait le frapper de sa lame d'acier. Une lutte terrible s'engage alors entre le blessé que la perte de son sang épuisait et ce robuste adolescent qui n'avait qu'une idée fixe, frapper de nouveau son maître. Celui-ci, sentant ses forces s'épuiser dit à son domestique :

— Mais que t'ai-je fait ?

— Rien, répond celui-ci, et toujours il vise son maître pour le frapper à la poitrine.

— Laisse-moi ! rentre dans ta chambre, je ne parlerai pas de ce qui vient de se passer.

— Son meurtrier, sans l'écouter, s'acharne après lui.

Un dernier effort de la victime épuisée, qui sent la mort inévitable, réussit à rejeter l'assassin dans une pièce voisine où elle l'enferme. Quelques minutes après, l'assassin était arrêté, mais il s'évadait. Il a pu être repris et il était amené samedi devant les assises.

L'instruction a révélé sur E. B. des détails curieux et tristes :

Cet adolescent de 15 ans avait déjà commis bien des crimes, violé des jeunes filles qui n'avaient pas osé se plaindre et peu de jours avant l'assassinat il s'était jeté sur une jeune femme qu'il rencontrait, la violait et celle-ci s'estimait heureuse d'avoir échappé aux étreintes de ce sauvage. La peur du scandale l'avait empêché de se plaindre. Les instincts de débauche prédominaient à tel point chez ce malheureux que de la parole ou du geste il insultait toutes les femmes. Ses maîtres ne se méfiaient pas de lui, ignorant la conduite qu'il menait au dehors.

L'attitude de ce jeune accusé devant le jury est celle d'un impudent qui a peut-être conscience que la loi accorde à son âge des immunités qui le rassurent.

La Cour, enchaînée par la loi, n'a pu qu'ordonner

que B. resterait pendant quinze ans soumis au régime de la détention correctionnelle.

De cette observation nous rapprocherons celle bien connue d'Esquirol, remarquable par l'âge auquel s'est développée cette prédisposition. Une petite fille de huit ans, était possédée de l'idée fixe de tuer sa belle-mère, dont elle n'avait aucun sujet de se plaindre. Le grand-père et la grand'mère de cette enfant, peu satisfaits du mariage de leur petit-fils, exprimèrent leur mécontentement par des propos violents sans prévoir l'effet que ces expressions pouvaient produire sur un petit enfant de deux à cinq ans.

« Le 7 juin 1835, j'ai été consulté pour une petite fille de sept ans et demi, d'une taille ordinaire, ayant la peau blanche, les cheveux abondants, gros et blonds, les yeux bleus foncés, la lèvre supérieure légèrement épaisse sans nul symptôme de scorbut. La physionomie de cette enfant a quelque chose de dissimulé ; les yeux sont souvent portés vers l'angle interne de l'orbite, ce qui donne à la face, d'ailleurs un peu pâle, une apparence convulsive.

L'intelligence est bien développée et quoique fille d'ouvrier, elle a appris à lire et à écrire. Elle cherchait à lire le titre d'un livre placé sur mon bureau, pendant que sa belle-mère me faisait le récit suivant, car d'abord cette petite ne voulut rien me dire ni répondre à mes questions. Elle entendit le récit de sa mère avec la plus complète indifférence, comme s'il eût été question d'une autre :

— J'ai épousé mon mari en secondes noces. Cette petite fille avait alors deux ans. Nous l'envoyâmes chez son grand-père et sa grand'mère qui ont été mécontents de mon mariage avec leur fils et qui ont souvent exprimé leur mécontentement devant leur petite-fille. La petite avait cinq ans lorsque mon mari et moi allâmes voir nos grands parents. Ils me reçurent bien : mais la petite qui témoigna un grand plaisir de voir son père, refusa presque mes caresses, et ne voulut point m'embrasser, néanmoins elle retourna avec nous à Paris.

Toutes les fois qu'elle en trouvait l'occasion, elle m'égratignait, me frappait, en répétant : — je voudrais que tu meures.

A l'âge de cinq ans trois mois, j'étais enceinte ; elle me donna un grand coup de pied dans le ventre en exprimant le même vœu. Nous la renvoyâmes chez ses grands parents où elle est restée encore pendant deux ans. Ramenée auprès de nous jusqu'à l'âge de sept ans quatre mois, elle a recommencé à me maltraiter, et elle ne cessa de répéter qu'elle voudrait bien que je meure ainsi que son petit frère qui est en nourrice et qu'elle n'a jamais vu.

Il n'est pas de jour qu'elle ne me frappe. Si je me baisse devant la cheminée, elle me porte des coups de poing, s'empare quelquefois de ciseaux, de couteaux ou d'autres outils qui peuvent tomber sous sa main, accompagnant toujours ses mauvais traitements des mêmes propos : je voudrais vous tuer.

Son père l'a souvent corrigée, je m'opposais souvent à ces corrections; jamais cette petite n'a voulu me promettre d'abandonner ses desseins. Son père une fois l'a menacée de la faire mettre en prison. « Cela n'empêchera pas, lui dit-elle, que ma mère et mon petit frère meurent et que je les tue. »

Après ce récit que l'enfant entendit de sang-froid, je lui adressai les questions suivantes : Les réponses à mes questions furent faites sans aigreur, sans colère, avec calme et indifférence.

— Pourquoi voulez-vous tuer votre maman?

— Parce que je ne l'aime pas.

— Pourquoi ne l'aimez-vous pas?

— Je n'en sais rien.

— Vous a-t-elle maltraitée?

— Non.

— Pourquoi la frappez-vous?

— Pour la faire mourir.

— Comment! pour la faire mourir?

— Oui, je veux qu'elle meure.

— Vos coups ne peuvent la tuer. Vous êtes trop petite, pour cela.

— Je le sais: il faut souffrir pour mourir. Je veux la faire tomber malade pour qu'elle souffre et qu'elle meure, étant trop petite pour la tuer d'un coup.

— Quand elle sera morte, qui aura soin de vous?

— Je ne sais pas.

— Vous serez mal soignée, mal habillée, malheureuse.

— Ça m'est égal, je la tuerai, je veux qu'elle meure.

— Si vous étiez assez grande vous tueriez votre maman ?

— Oui.

— Tueriez-vous votre grand'mère ? (Celle-ci est la mère de la jeune femme et est présente à la consultation.)

— Non.

— Et pourquoi ne la tueriez-vous pas ?

— Je ne sais pas.

— Aimez-vous votre papa ?

— Oui.

— Voulez-vous le tuer ?

— Non.

— Cependant il vous corrige ?

— C'est égal je ne le tuerai point.

— Vous avez un petit frère ?

— Oui.

— Il est en nourrice et vous ne l'avez jamais vu ?

— Oui.

— L'aimez-vous ?

— Non.

— Voudriez-vous qu'il mourût.

— Oui.

— Voulez-vous le tuer ?

— Oui, j'ai demandé à papa de le faire revenir de nourrice pour le tuer.

— Pourquoi n'aimez-vous pas votre maman ?

— Je n'en sais rien, je veux qu'elle meure.

— D'où vous viennent des idées aussi horribles ?

— Mon grand-papa, ma grand' maman, ma tante,

disaient souvent qu'il faudrait que *ma mère* et *mon petit* frère meurent.

— Mais cela n'est pas possible ?

— Si... si... je ne veux plus parler de mes projets, je les garderai pour quand je serai grande. »

Cet entretien a duré une heure et demie. Le sang-froid, le calme, l'indifférence de l'enfant ont excité en moi les sentiments les plus pénibles.

La belle-mère de cette petite fille est jeune, sa physionomie est douce, son ton et ses manières sont agréables : elle habite le quartier du Jardin des Plantes et jouit d'une bonne réputation ainsi que son mari. D'après mes conseils, cette enfant a été envoyée à la campagne chez des religieuses où elle a passé trois mois. — Ses grands parents l'ont reprise (1).

Ces deux exemples suffisent.

Il est à noter que le plus souvent, le meurtre est commis sous l'influence d'une véritable impulsion, phénomène fréquent chez l'enfant, et d'autant plus que l'enfant est plus jeune. Les mères et les nourrices ne connaissent que trop bien ces impulsions soudaines, sans motif, du tout petit enfant ; en caressant la joue de la mère, il égratigne tout à coup et s'il est déjà assez âgé pour qu'on le lui défende et qu'on lui tape même sur les doigts il se met à pleurer, il comprend qu'il vient de faire une chose défendue, mais une heure après il recommence. Chez les en-

(1) Esquirol, *Des malad. ment. considérées sous les rapports médi cal, hygiénique et médico-légal*, 1838.

fants plus âgés, on remarque aussi, quoique plus
rarement, ces mêmes impulsions non raisonnées à
faire le mal, à mordre, à égratigner, à frapper les
personnes qu'ils aiment le plus, à détruire les objets
inanimés. Tout à coup sans raison, ou du moins pour
une cause absolument insignifiante, absolument futile, l'idée de frapper, de tuer, se présente à l'esprit
de l'enfant qui l'exécute à l'instant même sans faire
la moindre réflexion ; ordinairement le malade, car
c'est un véritable malade, frappe sans qu'aucun acte
extérieur puisse faire pressentir l'excès auquel il va
se livrer. Il semble véritablement qu'il agisse sous
l'influence d'un accès, car le fait accompli, il reste
calme, sans regrets, sans remords. La plupart de ces
enfants loin de fuir, restent auprès de leur victime ou
vont dénoncer l'action qu'ils viennent de commettre.
D'autres en plus petit nombre s'éloignent, cachent
l'instrument de leur forfait et cherchent à dérober les
traces du meurtre. Mais à peine sont-ils pris, qu'ils se
hâtent de faire un récit circonstancié de ce qu'ils ont fait.

La cour d'assises des Côtes-du-Nord, a eu, en 1878,
à juger un criminel de 16 ans. Il a tenté d'assassiner
une jeune fille et a déployé une férocité inouïe dans
l'accomplissement de son crime. Les débats n'ont
point fait connaître le mobile qui a pu le pousser à
l'acte de sauvage cruauté dont il s'était rendu coupable dans les circonstances suivantes :

Le 19 juin 1878, vers huit heures du soir, une jeune
fille de 18 ans revenait du marché de Callac et pour
rentrer chez elle, elle devait suivre un sentier tra-

versant la forêt de Duault. Elle n'était qu'à 800 mètres de sa maison lorsqu'elle entendit marcher derrière elle. Elle se retourna et se trouva en face de F... C... essoufflé par une marche rapide : « Que me voulez-vous? lui dit-elle. — Tu vas le savoir, » et, comme une bête féroce, il se précipite sur elle et cherche à l'étrangler. Mais Marie-Yvonne, forte et courageuse, le repousse et parvient à se dégager. C... avait été renversé dans cette première lutte, il se relève et rejoint Marie-Yvonne.

Un couteau brille dans ses mains, il frappe la malheureuse fille à la tête : elle tombe, il frappe encore, il laboure littéralement la tête de la pauvre fille, puis froidement il va couper une branche d'arbre pour la frapper encore, la branche se casse : il coupe un énorme gourdin, revient sur sa victime, se met à genoux sur son corps et tranquillement émonde les petites branches ; lorsque ce terrible pieu est bien préparé, il frappe, frappe encore sur la tête de cette enfant comme sur une enclume. Yvonne ne bouge plus : C... la croit morte, il se penche et met la main sur son cœur. Yvonne ayant conservé toute sa connaissance, retient sa respiration... C... la prend par les pieds et la traîne dans un hallier, loin du chemin. Il se penche de nouveau sur elle, fouille tranquillement dans ses poches, prend tout ce qu'elle possédait, trente-cinq sous, deux mouchoirs, quelques noix et quelques amandes, et enfin avant de se retirer il donne deux coups de bâton sur la figure de sa victime puis va se coucher tranquillement.

Cette scène sauvage avait duré trois quarts d'heure. Heureusement Yvonne n'était pas morte. La fraîcheur de la nuit la fit revenir à elle : elle put se traîner jusqu'auprès d'une ferme, bien éloignée de 500 mètres et là enfin on lui porta secours. Les soins dont elle fut l'objet la sauvèrent.

Arrêté, C... nia tout d'abord : mais mis en présence de sa victime qui lui offrait la main, écrasé par les preuves, il avoua son crime sans pouvoir donner un motif plausible. Reconnu coupable de tentative d'assassinat suivi de vol, C... a été condamné aux travaux forcés à perpétuité.

Le 15 juin 1834, dans la petite ville de Bellesme, on retira d'un puits le cadavre d'une petite fille de 2 ans. Deux jours après, on retira du même puits un enfant de 2 ans et demi. Une jeune fille âgée de 11 ans, connue dans le pays par des habitudes très méchantes ne rencontrait jamais d'enfants plus petits qu'elle sans leur donner des coups, ou les tourmenter de mille manières cruelles. Cette petite fille avait attiré successivement ces deux enfants vers le puits et les y avait fait tomber en les poussant (1).

B. R... âgée de 19 ans, manifesta de bonne heure des inclinations vicieuses, que des corrections sévères et fréquentes ne purent réprimer. Étant occupée un jour à faire de l'herbe auprès d'une mare d'eau, elle vit venir à elle une petite fille de 5 ans. Elle voulut la dépouiller de ses vêtements. L'enfant se met à

______

(1) Esquirol, *ouvr. cit.*, 388.

pleurer et la menace d'appeler son papa : R... la prend à bras le corps et la précipite dans la mare. Au bout de quelques minutes, le frère de la victime âgé de 10 ans, vient pour demander où est sa sœur... R... répond froidement qu'elle s'est enfoncée dans le bois : en parlant ainsi elle était assise sur les vêtements de sa victime (1).

Une jeune fille de 6 ans avait reçu de sa mère la somme de trente sous pour lui acheter du pain au village voisin. Elle était sur la route pour faire sa commission, lorsqu'elle fut rencontrée par un jeune garçon de 14 ans qui, armé de son arc se dirigeait vers une commune voisine dont c'était la fête, pour y exercer son adresse. Ayant demandé à la petite fille où elle allait, il entraîna l'enfant dans un pâturage et là ayant détaché la corde de son arc, il la passa autour du cou de cette infortunée et l'étrangla. Comme l'enfant se débattait et que l'assassin craignait d'être aperçu de la route, il chargea le corps sur ses épaules et alla le pendre plus loin.

Le crime commis, il prit les trente sous et s'en fut joyeusement les dépenser à la fête du village, en boissons et sucreries. Le soir il rentra tranquillement chez lui. Lorsqu'il fut arrêté, il fit sans hésitation l'aveu de son crime (2).

Enfin, au mois de juillet dernier, au Fresne (Calvados), on a surpris un enfant de dix ans au moment où il commençait à opérer une horrible mutilation

(1-2) Extrait des *Causes célèbres*.

sur le corps du petit C... âgé de trois ans. — On est accouru aux cris de celui-ci, et le jeune misérable n'a pas eu le temps d'achever son œuvre (1).

A côté de ces causes qu'on peut considérer comme naturelles par excellence, puisqu'elles font partie inhérente de la nature de l'individu, s'en place une autre non moins importante, à laquelle on a fait jouer un rôle tour à tour favorable ou défavorable suivant les besoins de la thèse qu'on voulait soutenir : Nous avons nommé l'éducation.

ÉDUCATION. — Les champions de ces deux manières de voir pouvaient jusqu'à un certain point soutenir leur opinion. Certes les conseils, de quelque nature qu'ils soient, bons ou mauvais, donnés à plusieurs enfants du même âge produiront des résultats très différents. On a lieu de s'étonner qu'il ne se commette pas plus de crimes quand l'on songe dans quelle ignorance sont élevés les enfants des classes inférieures. Mille circonstances malheureuses se réunissent pour leur tendre les pièges les plus dangereux. Privés de tout ce qui aurait pu former les qualités de leur esprit, ils n'ont que des notions très inexactes de la morale. Les exemples grossiers qu'ils rencontrent souvent dans leur famille même, les conduisent fatalement aux passions basses et violentes, que les institutions les plus parfaites ne sauraient faire disparaître. Cependant on peut obtenir d'une bonne éducation une diminution du mal moral.

(1) *Petit Journal*, 14 juillet, 1881.

Les enfants bien nés qui n'ont eu eux aucune disposition spéciale pour le mal, résisteront toujours à toutes les incitations, à toute éducation vicieuse et malsaine. En voici un exemple bien remarquable :

Le 13 novembre 18.. la cour d'assises de la Seine frappait de peines afflictives et infàmantes trois membres sur cinq d'une famille de voleurs. Cette affaire présentait une circonstance vraiment digne de remarque. Le père n'avait pas également trouvé chez tous ses enfants les dispositions qu'il aurait désirées, il lui avait fallu employer la contrainte à l'égard de sa femme et de ses deux derniers nés, jusqu'à la fin rebelles à ses ordres infàmes. L'aînée de ses filles au contraire s'était élancée comme d'instinct, sur ses traces. Elle s'était montrée aussi ardente et tout aussi violente dans ses tentatives pour faire ployer la famille à ses odieux penchants. Mais chez une partie le naturel manquait, ils tenaient de leur mère.

Cependant, il ne faut pas perdre de vue le rôle important que joue l'hérédité dans toutes ces questions. Mais nous en avons assez longuement parlé pour ne pas y revenir. Aussi l'influence que nous signalons n'a-t-elle pas échappé à l'observation des hommes qui s'occupent de l'amélioration des classes inférieures de la société.

Toute leur sollicitude est acquise à ces intéressants enfants du peuple que la misère et une sorte de contagion vicieuse poussent chaque jour sur la route de la dépravation et du crime. Les résultats obtenus par eux sont frappants, mais malheureusement la loi française ne les arme pas suffisamment contre l'autorité paternelle, qui, à l'exemple de l'ancien droit romain, peut toujours revendiquer ses droits sur les enfants. Aussi assistons à ce navrant spectacle, d'un enfant tiré du triste milieu où il avait été élevé, ramené dans la bonne voie, puis réclamé par son père sortant de prison, et retombant presque forcément dans le crime !

L'histoire des guerres de religion qui désolèrent la France dans les xive et xve siècles, nous offre bien des exemples du pouvoir de l'éducation première chez de jeunes enfants.

Nous n'en voulons pour preuve que le fait suivant : ..... « Le meunier de Saint-Cristol tomba enfin aux mains des troupes envoyées à la poursuite des fanatiques. Il fut convaincu non seulement de s'être trouvé au massacre de Saturargues, mais encore d'en avoir été le principal auteur et d'y avoir exécuté de ses propres mains les plus grandes inhumanités. Comme il fut jugé à Montpellier, j'eus la curiosité de le voir lorsqu'il fut ouï sur la sellette : je me souviens d'avoir vu les juges saisis d'horreur au récit de ses barbaries et embarrassez à pouvoir trouver un supplice qui répondît à l'énormité de ses crimes. Il fut enfin condamné à être roué et jeté tout vivant dans un bûcher allumé au pied de l'échafaud. Spectacle affreux, mais qui ne donna au public qu'une légère image de ses cruautez.

« Ce furieux avait un fils déjà âgé de 14 à 15 ans, qui fut pris quelque temps après, et convaincu d'avoir assisté à ce massacre. Il fut même vérifié que les fanatiques se servaient de ce jeune garçon pour égorger les enfants ; qu'il en avait fait périr plusieurs de divers genres de mort et que son malheureux père l'avait exercé à cette barbarie. Son bas âge tint quelque temps les juges en suspens et incertains s'ils pouvaient le condamner à mort. Mais enfin le regardant comme un monstre dont on devait purger la terre, ils l'envoyèrent au gibet (1). »

Sans remonter si loin dans l'histoire, les chroniques judiciaires de nos jours abondent en faits semblables.

Habitué à voir « jouer du couteau » dans les rixes les plus futiles, l'enfant trouve tout naturel de faire de même à l'occasion lorsqu'il se prend de querelle avec des camarades de son âge. Tout récemment un fait de ce genre avait lieu à Paris :

« Les agents ont arrêté, rue Séguier, deux jeunes gens, A. L... sculpteur, âgé de 16 ans, et L. C..., bijoutier, âgé de 14 ans, qui se battaient sur la voie publique à coups de couteau. L... était déjà blessé à l'épaule gauche et C... au bas des reins.

Conduits devant le commissaire de police du quartier, les deux combattants dont les blessures étaient insignifiantes, et qui avaient des torts réciproques ont été, après admonestation, invités à rentrer chez eux.

A sept heures du soir, les agents les retrouvaient,

(1) De Brueys, *Histoire du fanatisme de notre temps*. Utrecht, 1737, t. II, p. 207.

en compagnie d'un garnement du même âge,
G. C... apprenti relieur, qui maltraitaient une jeune
fille de 17 ans, blanchisseuse, rue de Savoie, l'un
d'eux a même frappé cette jeune fille d'un coup de
couteau au sein droit.

Cette fois, ils ont été maintenus en état d'arrestation (1).

Le 1ᵉʳ novembre 1881, plusieurs enfants jouaient,
rue Notre-Dame-de-Nazareth, quand l'un d'eux,
A. D... âgé de 13 ans, se prit de querelle avec un
de ses camarades, le nommé G..., un peu plus âgé
que lui.

Il y avait déjà eu quelques bousculades et même
quelques coups de poings entre les deux jeunes vauriens, lorsqu'un troisième de la bande excitant A. S...
contre son adversaire lui passa un couteau en lui
disant :

« Tiens, fais-lui son affaire. »

Le jeune S... suivit le conseil et se précipita
sur G..., en tenant son couteau tiré. Celui-ci voulant
parer le coup qui lui était destiné, reçut à la main
une blessure qui présente une certaine gravité.

G... fut conduit dans une pharmacie où il reçut
un premier pansement. Quant à S..., il a été conduit
au poste de police en compagnie du gamin qui lui
avait remis le couteau.

Ces deux précoces malfaiteurs ont été gardés à la
disposition du commissaire de police du quartier (2).

(1) *Petit Journal*, 2 mars 1881.
(2) *Voltaire*, 3 novembre 1881.

Prenez un enfant élevé dans un milieu autre que celui de ces deux jeunes garçons : croit-on qu'à propos d'une simple querelle ils eussent eu l'idée de se servir d'une arme quelconque?

Pour nous, nous ne le pensons pas.

Passions. — A côté de l'éducation, il est une autre cause qui ne joue pas un rôle moins important sur les déterminations subites ou raisonnées des enfants. Il est parmi eux des caractères qu'un rien affecte profondément et qui s'abandonnent sans réserve à l'impression qu'ils ont ressentie. Leurs passions, toujours prêtes à s'épancher, se jettent avidement sur tout ce qui est propre à en accroître l'énergie : l'esprit est sans cesse ramené vers la cause qui les a fait naître et y découvre à chaque instant de nouveaux rapports qui sont autant de brandons propres à les attiser. Alors l'exaltation des facultés de l'intellect et des affections donne à l'esprit une direction fixe, stable, et fomentent la haine et les idées de vengeance qui prédisposent à l'emportement et aux plus violents excès. Les affections de l'enfant le plus jeune ne sont pas moins réelles que celles de l'homme fait. Comme lui, et plus que lui, il est éminemment sensible, d'un caractère aimant, et c'est instinctivement que, le plus souvent, il manifeste par des bouderies la jalousie qu'il ressent à la vue d'un petit frère ou d'une petite sœur qui vient partager les tendres caresses de sa mère.

La *jalousie* est donc une des premières passions qui s'emparent de la nature humaine. « Elle est, dit

Fénelon, plus violente chez les enfants qu'on ne saurait se l'imaginer. On en voit quelquefois qui sèchent et qui dépérissent d'une langueur secrète parce que d'autres sont plus aimés et plus caressés qu'eux. C'est une cruauté trop ordinaire aux mères que de leur faire subir ce tourment (1). »

Dans le jeune âge, dès la première année, l'enfant manifeste déjà des accès de jalousie. Qu'on l'examine lorsque la nourrice lui retire le sein pour le donner à un autre enfant : on voit ses traits se contracter, ses bras débiles chercher à écarter cet importun rival qui vient lui disputer la source où il puise la vie, et, on conçoit facilement en effet, qu'un enfant de quelques années puisse déjà se montrer jaloux d'un frère de lait. Plus tard, la jalousie peut provenir autant du besoin d'affection que de celui de nutrition, et à cet âge, il n'est pas rare de voir cette passion marcher sourdement et présenter dès son début un caractère chronique. Les petits malheureux qui en sont atteints deviennent alors tristes, moroses, se tiennent dans un mutisme dont ils ne sortent que pour se livrer aux plus violents emportements, qui, le plus ordinairement, dégénèrent en luttes sanglantes, et il n'est pas rare de voir dans ces cas survenir l'homicide ou le suicide.

Il y a deux ans, se trouvait, dans la prison de Cahors, une petite fille, âgée de 11 ans, accusée et convaincue (elle a avoué) d'avoir fait brûler son

____

(1 *Education des filles*, ch. v.

jeune frère âgé de deux ans, pour n'avoir plus à le garder (1).

A l'infirmerie de la maison de détention de Poissy, Descuret a vu un enfant de 12 ans, qui dans un violent accès de jalousie avait étouffé sa jeune sœur encore au berceau, en lui enfonçant une chandelle dans le gosier, puis lui remplissant la bouche et les fosses nasales de cendres chaudes.

Un autre de 15 ans, empoisonna pour le même motif sa petite sœur.

Un enfant de 6 ans, qui était jaloux de son frère, présentait souvent le couteau à ses parents pour qu'on l'égorgeât (2).

Près de Lausanne, vivait une famille dont le père, ancien pasteur, avait cinq enfants. L'un de ces enfants, esprit faible, jaloux de son aîné qui étudiait en Italie, avait résolu de le tuer, et le jour de l'an pendant son sommeil, lui a déchargé un revolver dans la tête, puis tranquillement il s'est rendu auprès de son père et lui a dit d'un air satisfait : « Papa, je viens de tuer Paul. »

Quelques jours plus tard, le jeune E... était pris d'un accès de folie furieuse (3).

Enfin nous extrayons d'un de nos mémoires (4), l'observation suivante :

A. G... 17 ans, est placée à la Salpêtrière. Cette

(1) *Bull. des tribun.*, 23 mars 1879.
(2) Barbaste, *Antropophagie*, p. 157.
(3) Lausanne, 3 janvier 1880.
(4) *Folie jalouse*. Asselin, 1877, p. 67.

jeune fille est l'aînée de trois enfants vivants sur vingt et un qu'a eus la mère. Les autres sont morts en bas âge. En venant au monde, A. G... ne mesurait pas plus de 35 centimètres de long, mais elle était grosse et forte. A l'âge de 12 ans, elle n'avait pas plus de 90 à 95 centimètres. Les autres enfants l'appelaient « Tom Pouce ». Elle est jalouse des caresses que ses parents prodiguent à sa sœur et à son frère : elle voudrait être seule l'enfant préférée, tandis qu'elle est à peu près abandonnée, aussi négligée sans doute par ses parents qu'elle est maltraitée par la nature. Elle vieillit sans grandir : elle devient sombre, méchante, insensible à tout excepté à la coquetterie. Elle ne témoigne d'affection à personne, et un jour, elle avait moins de 11 ans, elle voulut étouffer sa petite sœur en l'emmaillotant dans des draps, pour voir, dit-elle, comment on est quand on est mort : la vérité est qu'elle obéissait à une impulsion née de la jalousie.

Père alcoolique.

Bien qu'ici l'exécution du meurtre n'ait pas eu lieu, nous avons cru cependant devoir donner cette observation.

La cause de la jalousie est évidemment due, dans ce cas, à l'imperfection physique de l'enfant qui la rendait ridicule aux yeux de tous. Il est naturel dans ce cas que A. G... devînt jalouse en se voyant sans cesse en but aux plaisanteries de ses camarades et délaissée par elles. Le caractère méchant, pervers, les passions viles et nuisibles, tant pour elle que pour les autres, qui ont nécessité son internement, ne sont que la conséquence forcée de la passion qu'elle manifesta dans son enfance. Tout s'enchaîne régulièrement, et dès la naissance, on suit pas à pas le développement des troubles de l'intelligence.

Nous ne pousserons pas plus loin ces citations que l'on pourrait multiplier à l'infini. Nous avons voulu montrer, par ces quelques faits, que les enfants eux-mêmes, en proie à cette passion, pouvaient aussi bien que les adultes, recourir aux mêmes moyens pour supprimer, pour détruire l'objet de leur jalousie, et exécutent froidement leur projet, parfois même avec une sorte de raffinement de cruauté.

A côté de la jalousie, il convient de signaler la colère.

Colère. — Certains enfants ne peuvent pas se plaindre, attendre, pleurer, sans entrer en colère jusqu'à se pâmer. Quelle que soit l'origine de cette colère, leurs dispositions morales produisent seules ce résultat : et les actes auxquels elle les entraîne sont tout aussi redoutables.

Nous avons connu un enfant de 8 ans, d'une intelligence plus qu'ordinaire qui, à la moindre observation de ses parents ou même d'étrangers, entrait dans des colères épouvantables dégénérant bientôt en véritable fureur. Dans ces moments il saisissait tout ce qui lui tombait sous la main et s'en faisait une arme. Il essayait de frapper, et dans son impuissance, il brisait tout ce qu'il trouvait à sa portée.

Il n'est pas douteux que si cet enfant trouvait un

plus jeune que lui, incapable de se défendre, il l'assommerait dans ces moments-là.

La *vengeance*, dont le premier degré se manifeste par la *bouderie* qui se traduit chez l'enfant par l'impuissance où il est de réagir contre une supériorité physique ou morale, est souvent un mobile suffisant et avoué par les jeunes coupables.

Il n'est pas rare de voir les crimes contre les personnes et les choses être la conséquence naturelle de ce sentiment. L'enfant qui se croit lésé réagit brusquement et frappe, ou ce qui est le plus ordinaire se venge sur des animaux et les mutile, ou sur les propriétés et met le feu. Parfois le crime est le résultat d'une longue préméditation. Il ourdit sa trame avec un art machiavélique et attend patiemment l'heure propice de le mettre à exécution, malheureusement trop souvent suivi de réussite.

Deux remonteurs de Calais, les nommés Tillier, âgé de 17 ans, et Auscotte, âgé de 12 ans, jouaient ensemble, lorsqu'il prit à Tillier la malheureuse idée de barbouiller de mine de plomb le visage de son camarade. Le jeune Auscotte se débattait ; mais l'autre lui imposait par des coups la mauvaise plaisanterie qu'il faisait à son camarade plus faible que lui. L'enfant devenu furieux de se voir ainsi malmener, s'empara d'un tisonnier qui se trouvait là sous sa main, en asséna un coup si violent sur la tête de son agresseur qu'il lui fendit la tempe.

Le blessé fut conduit chez lui où il expira quelques heures plus tard.

Le jeune Auscotte a été arrêté pour coups et blessures ayant occasionné la mort sans intention de la
donner.

Cet enfant a été conduit à Boulogne pour être mis
à la disposition du parquet; il était sorti depuis
peu de l'école, où il n'a laissé que de bonnes notes (1).

Le journal de Bernay raconte un crime horrible
qui a été commis à Saint-Aubin de Scellon.

Un enfant de 13 ans et demi a frappé de seize
coups de couteau et de bâton un sieur Duval, âgé de
77 ans. Mis en présence de sa victime l'assassin a
fait des aveux, disant avec cynisme qu'il avait agi
ainsi pour se venger d'un coup de pied que Duval
lui avait donné en le chassant d'un champ de trèfle
lui appartenant où il faisait paître une vache (2).

A Lagny, deux enfants, l'un âgé de 13 ans, l'autre
de 10, ayant eu à se plaindre de leur camarade Mon...,
âgé de sept ans, l'ont entraîné au bord de la Marne,
à trois kilomètres de la ville, sous le prétexte de se
baigner. Le petit M. a été jeté dans un endroit
qu'on appelle *la Tranchée,* et comme il essayait de se
sauver, ses deux camarades l'ont repoussé à coups
de pieds et de pierres. L'enfant s'est noyé.

Le corps de M. a été trouvé sur la Tranchée : le
lendemain le plus jeune des deux petits assassins a
avoué la vérité (3).

(1) *Petit Journal,* 14 février 1882.
(2) Evreux, 3 août 1876.
(3) *Petit Journal,* juillet 1881.

Dans la commune de Marquise (Pas-de-Calais), un garçon de 13 ans, que de justes reproches avaient irrité, se rue sur quatre vaches dans un herbage ; il coupe à l'une un trayon, il mutile à coups de couteau le pis des trois autres.

Frayeur. — La frayeur est encore au nombre des causes morales qui ont une grande influence sur l'imagination des enfants. Il n'est personne qui n'ait été à même de constater la grande impressionnabilité des jeunes êtres lorsqu'un bruit imprévu vient les surprendre. Inquiets, tourmentés, ils sont pendant plusieurs heures toujours en éveil, se réfugiant près des personnes qui les entourent. Peu à peu ces craintes disparaissent et l'enfant reprend ses jeux et son insouciance. Mais qu'un événement terrifiant leur frappe les yeux et l'esprit, leur cerveau trop fortement ébranlé produira des hallucinations de nature redoutable, effrayantes, lesquelles brusquement ou graduellement aboutiront à une forme mentale déterminée, qui le plus souvent est la manie ou une névrose convulsive, épilepsie, hystérie, etc. Esquirol cite un enfant de 3 ans qui, ayant été conduit à Bicêtre, fut si effrayé à la vue des fous, que l'on montrait comme un objet de curiosité, qu'il ne cessa depuis d'avoir des rêves affreux et, qu'à 17 ans, il tomba dans la manie (1).

Une enfant de 10 ans et demi, remarquable par le développement précoce de son intelligence, reve-

____

(1) Esquirol, *Dict.*, p. 190.

nait avec son père de l'atelier où ce dernier travaillait. Il fut accosté par des ouvriers ivres : une rixe s'en suivit et le sang coula. L'enfant frappée de terreur tomba en convulsions et perdit immédiatement l'usage de la parole qu'elle n'a plus recouvré depuis. Son état mental se signala par des exacerbations d'une telle nature que l'on fut obligé de placer cette petite maniaque à l'asile Saint-Yon, où elle est, pour le quartier qu'elle habite, un sujet incessant de trouble et d'agitation. Son existence est la réalisation d'un mouvement perpétuel et purement en rapport avec ses instincts maladifs. Son unique plaisir consiste à détruire et à déchirer ce qui lui tombe sous sa main, et à tourmenter les aliénés adultes. Depuis quelques mois, cette petite malade a des accès épileptiques dont l'intensité dépasse tout ce que l'on peut imaginer, et qui nous donnent la raison de son irritabilité et de ses tendances malfaisantes (1).

« J'ai eu lieu d'observer, dit Morel, un fait parfaitement semblable chez un enfant du sexe masculin, seulement je n'ai pas remarqué chez lui d'accès épileptique. C'est à l'âge de 5 ans, que, sous l'influence d'une vive frayeur, il tomba en convulsions et perdit ainsi l'usage de la parole. Pendant trois ans, que je pus suivre l'existence de cet enfant à l'asile dont j'étais le médecin, il ne cessa de se signaler par une turbulence continuelle et par des

(1) Morel, *Traité des mal. ment.*, p. 101-102.

exacerbations maniaques que l'on ne remarque pas ordinairement dans un âge aussi tendre (1). »

Imitation. — Nous avons maintenant à étudier une cause dont l'action capitale ne saurait être révoquée en doute : déjà à maintes reprises nous avons eu l'occasion de nous appesantir sur le rôle si sérieux qui lui est dévolu dans l'étiologie des affections nerveuses et mentales.

De tout temps signalée à l'attention publique, cette histoire de la contagion imitative n'est plus à faire, et on ne peut que se borner à en rapporter l'existence, tout en insistant plus que jamais sur son importance.

Si, d'un côté, on ne peut expliquer le mode de génération des idées horribles qui, sur un simple récit, sur l'audition d'un fait qui ne vous touche en rien, entrent de vive force dans l'esprit, font taire la raison, imposent silence aux affections les plus naturelles, dominent, tyrannisent l'entendement tout entier, d'un autre côté, qui ne sera convaincu qu'il existe dans le cerveau de certains individus des dispositions organiques propres à favoriser la production d'idées particulières, de penchants spéciaux, véritables germes qui n'attendent que le concours des circonstances pour se développer ?

Comme une cloche frappée fait vibrer les autres cloches qui sont en consonnance, ou comme une corde pincée fait vibrer celles qui sont tendues à son

(1) Morel, *Traité des mal. ment.*, p. 101-102.

unisson, de même il suffit de mettre ces rapports
d'égalité ou de proportions entre des individus pour
qu'ils participent aux mêmes affections. Cette imitation est si naturelle, qu'elle est même indépendante
de la volonté. En approuvant les manières et les
mouvements des autres personnes, il s'imprime en
notre cerveau une image semblable. Chacun sait,
par exemple, qu'un visage riant nous engage à sou-
rire, un air triste nous rend sérieux ; en voyant dan-
ser, manger ou bâiller, nos facultés nerveuses sont
entraînées à faire de même. En parlant on s'excite à
parler, on se tait avec les taciturnes, on accompagne
sans y songer la chanson que l'on entend. Cette assimilation est impérieuse chez certains individus,
qui ne peuvent presque considérer aucune action
ni entendre aucun son sans être disposés à les imiter.

De même qu'une corde qui vibre nous fait ré-
sonner sur le même ton, des mouvements spasmo-
diques ébranlent pareillement l'élément sensitif des
autres corps. Aussi les personnes le plus promptement entraînées sont les femmes, les enfants, dont
la nature est délicate et nerveuse; et il suffit d'observer un instant un enfant pour se convaincre dans
quelle immense proportion le nombre des idées développées ou reçues par imitation surpasse la somme
des idées spontanées ou réfléchies.

Ici l'imitation c'est l'exemple. On sait combien sont
soumises à la loi d'imitation les névroses convulsives :
chorée, hystérie, épilepsie, etc. Nous n'en parlons
que pour mémoire, pour arriver de suite à un ordre

de faits où l'imitation sympathique s'élève, par leur nature prédisposée, au plus haut degré d'importance.

Des affections nerveuses, l'imitation passe aux facultés mentales, et ce n'est plus seulement dans la société l'état sanitaire, mais encore l'état moral qu'elle menace.

L'homme, dit-on, pour nous servir d'une expression faisant image, est un singe perfectionné. La nature a chez lui la plus grande tendance à répéter les actes dont la vue l'a profondément impressionné. Instinctivement, machinalement, il fait ce qu'il a vu faire, et ce n'est qu'en reprenant possession de lui-même, en mettant en jeu les facultés qui font de lui l'animal supérieur de la création, qu'il réfléchit et apprécie ce qu'il vient de faire. En fréquentant longtemps une personne qu'on estime et qu'on aime, que l'on craint et que l'on redoute, on finit par adopter, à son insu et tout à fait involontairement, son genre de vie, ses passions bonnes ou mauvaises, en un mot on s'identifie avec elle.

C'est dans cet ordre d'idées que Virey a pu dire qu'il y a du danger à vivre continuellement avec les animaux dont on contracte insensiblement certaines manières. « Le palfrenier devient brutal avec ses chevaux ; le bouvier participe de l'air stupide et de la pesanteur du bœuf ; le piqueur, le braconnier, prennent le naturel du chien de chasse ; le berger tient de la simplicité de ses brebis, et le porcher, de la malpropreté du pourceau. Toute familiarité intime avec les bêtes, nous écarte de la nature humaine ; les personnes qui vivent avec des chiens, des chats, des guenons... etc, sont moins spirituelles et moins sensées que les autres. Elles s'animalisent autant que ces bêtes semblent se rapprocher de l'humanité (1). »

Le penchant homicide, ou à mieux dire le penchant à verser le sang, est contagieux, il est comme le suicide (2), un des plus esclaves de la loi d'imitation. Ce penchant, tout en pouvant dépendre ou d'un vice d'organisation que l'éducation n'a pas su ou n'a pas pu réprimer et qui dans l'intelligence a rompu tout équilibre, ou d'un état pathologique et de divers degrés d'aliénation mentale, peut être développé également par l'exemple, soit qu'il naisse du spectacle de la mort violente d'un homme ou du meurtre d'un animal.

C'est ainsi que le spectacle cruel et sanguinaire des courses de taureaux développe parfois chez de jeunes enfants l'amour du sang.

Au mois de juillet 1865, dans l'arène de Mont-de-Marsan, on vit un enfant de dix ans s'acharner sur trois taureaux à demi morts, les égorgiller et les tuer à coups d'épée.

A Murcie, dans la Péninsule, on a vu mieux encore : on a vu des jeunes filles descendre dans l'arène et remplir le rôle de *Matador* (3).

Un idiot, dit Gall, après avoir vu tuer un cochon, crut pouvoir égorger un homme et l'égorgea (4).

---

(1) Virey, *L'art de perfectionner l'homme*, 1808, t. II, p. 9.
(2) Paul Moreau de Tours, *De la contagion du suicide*, 1875.
(3) Blatin, *Nos cruautés envers les animaux*.
(4) Gall, *Fonctions du cerveau*, IV-99.

Un jeune garçon de quinze ans, P. Untersteller, fut, en 1846, condamné par le tribunal criminel de Zweibrucken, à vingt ans de travaux forcés pour avoir voulu, dit la sentence, se *donner le plaisir de saigner une petite fille de quatre ans*, à l'instar du boucher qui tue un porc. Il l'avait suspendue au crochet d'une poulie, les yeux bandés, et, sans s'émouvoir ni des cris, ni des contractions convulsives de sa victime, il avait procédé d'une main calme à l'égorgement qui fut suivi de mort.

D'autre part, la grande publicité donnée aux faits de ce genre, constitue une des causes les plus puissantes de la propagation du meurtre, et il suffit de se reporter aux feuilles publiques pour remarquer que c'est par série qu'on enregistre les homicides.

Il est des spectacles autres que la vue réelle du sang qui, chez les enfants, suffisent pour provoquer par imitation des actes homicides. Prosper Lucas cite l'exemple d'une enfant de six à huit ans qui étouffa son plus jeune frère. Le père et la mère rentrant, reconnaissent le crime ainsi que l'auteur. L'enfant se jette dans leurs bras en pleurant et répond qu'il ne l'a fait que pour imiter le diable qu'il avait vu étrangler Polichinelle (1).

« Un de mes amis, dit Marc, faillit, dans son enfance, succomber au jeu du *pendu*. Une exécution capitale ayant eu lieu dans la ville de Metz, lui et plusieurs de ses camarades crurent devoir imiter ce triste

(1) P. Lucas, *loc. cit.*, p. 23,

spectacle qui avait produit sur eux une vive impression. Il fut choisi pour le patient, un second pour confesseur et deux autres se chargèrent du rôle d'exécuteurs. Ils le pendirent à la rampe d'un escalier, et, ayant été troublés dans leur jeu, ils se sauvèrent en oubliant le pauvre pendu, que des personnes, survenues heureusement à temps, détachèrent et rappelèrent à la vie déjà près de s'éteindre (1). »

Tout récemment pareil événement, mais cette fois suivi de mort, avait lieu dans une ferme. On trouvait pendu dans une grange un jeune garçon de quatorze ans, qui, voulant imiter un de ses camarades qui avait fait devant lui le simulacre d'une pendaison, avait mal pris ses mesures et était resté suspendu. Malgré les secours les plus prompts on ne put ramener ce malheureux enfant à la vie.

C'est aussi à l'imitation qu'il faut rattacher ces croisades d'enfants dont le moyen âge présenta le spectacle. Pendant leurs pérégrinations, des milliers d'enfants se livraient aux actes les plus violents, s'excitaient les uns les autres, à leur insu, et commettaient toute espèce de forfaits.

Du XIe au XIIIe siècle, à la voix de quelques fanatiques, l'Occident est entraîné à la conquête des Lieux-Saints.

L'enthousiasme est général, et dans l'orgueilleux manoir comme dans l'humble chaumière chacun s'apprête à prendre la croix. Sous l'influence de

(1) Marc, *De la folie considérée dans ses rapports avec les questions médico-judiciaires*, 1840, II, p. 408.

cette surexcitation religieuse maladive qui n'épargne ni le sexe ni l'âge, d'innombrables troupes d'enfants quittent leurs familles et leur pays pour aller, eux aussi, accomplir le pèlerinage de Jérusalem.

En 1212, on vit un jeune pâtre entraîner à sa suite plus de trente mille de ces malheureux ! Lorsqu'on voulait les retenir et employer la force, il survenait chez eux des crampes, des convulsions, des accidents nerveux de toute sorte, et ils mettaient à se défendre une violence telle qu'ils devenaient véritablement dangereux, non pas tant par la gravité des blessures qu'ils occasionnaient, que par leur nombre. Aussitôt, en effet, qu'un des leurs était maintenu, ils se ruaient tous ensemble pour le délivrer.

L'histoire de nos guerres de religion des Cévennes nous montre également des troupes de plusieurs milliers d'enfants prophétisant avec l'exaltation la plus grande et se livrant aux excès les plus redoutables envers ceux qui n'étaient pas en communion d'idée avec eux.

L'antagonisme, l'acharnement qui divisaient les pères, se retrouvaient chez les enfants. Des témoins dignes de foi assurent que rien n'était plus commun que de voir cette exaltation régner chez des enfants de sept à huit ans, et qu'on la remarquait pareillement chez des petits êtres plus jeunes encore. Nous avons cité à la page 52 un épisode de ces guerres. Une gravure du temps nous fait assister au massacre de la Saint-Barthélemy, et l'on voit, mêlés aux catho-

liques, des enfants frappant sans pitié des enfants
huguenots (1).

Parlant de l'imitation, Prosper Lucas, dans ces lignes si brillantes et si justes décrit les épidémies religieuses dont nous venons de relater en quelques
mots les traits principaux.

« Ces divers phénomènes ne sont pas restés seulement surprenants pour le peuple, mais pour la science.
Ils l'ont de tout temps inquiétée, et surtout à l'époque
où elle était plus dans la foi qu'elle n'était dans l'observation. Leurs premières explications devaient donc
être religieuses, leur cause rangée parmi les causes
sacrées, c'est-à-dire, se rapporter aux symboles des
différents cultes, et à l'exception d'Hippocrate, dans
son traité des maladies sacrées, les philosophes et les
médecins eux-mêmes partageaient les idées du peuple ou se taisaient du moins sur des faits qu'ils n'expliquaient pas. »

La Grèce attachée aux fictions d'un admirable polythéisme, ne voyait dans cette transmission des maladies nerveuses que l'intervention de la justice des
Dieux, « et, dit Voltaire, les prêtres de l'antiquité
s'emparent partout de ces maladies, attendu que les
médecins n'étaient que de grands ignorants (2). »

La chute du polythéisme, l'établissement de l'unité
mahométane et de l'unité chrétienne ont à peine
ébranlé les convictions des masses. Longtemps en Occident, en Orient, de nos jours encore, toute convul-

(1) *Biblioth. nat. des Estampes.*
(2) Voltaire, *Dict. philosoph.*, art. Démonomanie.

sion, toute attaque nerveuse, toute contagion dans les idées du peuple n'a reconnu et ne reconnaît pour cause que l'introduction d'un esprit étranger dans l'économie, d'un être bon ou mauvais, mais toujours supérieur, comme du temps d'Arétée. Le malade est en possession d'un mauvais génie, chez les musulmans, et d'un diable chez les chrétiens, démons qui sans les quitter peuvent s'emparer d'autres corps. La nature du principe divers a donc changé seule dans les croyances, mais la nature de la cause y est restée religieuse (1).

Ces épidémies religieuses étant intimement liées à l'histoire de la démonomanie, nous ne pouvons nous dispenser de dire quelques mots de cette affection dont le rôle n'est pas sans importance au point de vue des crimes qui en sont une conséquence pour ainsi dire naturelle. La démonomanie a été subdivisée en plusieurs classes dont nous ne retiendrons ici que celle qui a reçu le nom de Lycanthropie.

Lycanthropie. — L'origine de cette maladie se perd dans la nuit des temps. Quoique plus rare de nos jours, on retrouve cependant cette vésanie ou du moins une qui lui ressemble beaucoup chez certaines peuplades de l'Afrique et de l'Océanie. Les Abyssiniens, entre autres, croient, par exemple, que les castes des potiers et des forgerons peuvent à volonté se transformer en hyènes et autres animaux féroces. N'ayant pas à faire de nouveau l'histoire de la lycan-

(1) Prosp. Lucas, *op. cit.*

thropie, nous laisserons de côté toutes les causes qui favorisent son développement et dont la principale était sans contredit dans les idées mystiques de l'époque, pour ne rappeler et n'insister que sur son caractère remarquable de transmission contagieuse et sur la cruauté qui faisait partie inhérente de sa manifestation.

La grande publicité donnée aux faits de Lycanthropie qui se présentaient, l'apparat toujours solennel et imposant des procès, la mise en scène de l'expiation réservée aux condamnés suffisaient amplement à entretenir et à pousser à l'imitation des crimes qu'on voulait au contraire détruire et empêcher, par l'emploi de ces mêmes moyens.

Comme on l'observe fréquemment dans le moyen âge, les enfants plus que les adultes subissaient l'influence générale, et jouaient en conscience et de bonne foi le rôle du loup-garou dont ils avaient tant de fois entendu raconter les forfaits.

P. Delancre nous a conservé le récit fidèle et exact de l'histoire d'un jeune garçon atteint de ce délire :

« Vers l'an 1600, le procureur d'office de la Roche-Chalais fut averti qu'une bête sauvage, qui semblait être un loup, s'était jetée en plein jour sur une petite fille âgée de treize ans, et qu'un jeune garçon de treize à quatorze ans, nommé J. Grenier, se vantait que c'était lui qui s'était jeté sur cette jeune fille, après s'être changé en loup, et qu'il l'eût mangée si elle ne se fût défendue avec un bâton.

On informa. La jeune fille dit qu'elle gardait ordinairement le bétail avec J. G..., qu'elle lui avait entendu dire souvent qu'il devenait loup quand il voulait, qu'il avait pris et tué des chiens, qu'il avait mangé de la chair de ces animaux, et bu leur sang, mais le sang des jeunes enfants et des filles valait mieux ; qu'il avait tué peu de temps auparavant un enfant, et plus récemment une fille dont il avait mangé la plus grande partie : enfin la jeune fille rendit compte de la tentative dont elle avait été l'objet.

J. G..., conduit devant le juge, convint ou plutôt déclara spontanément qu'il s'enveloppait quelquefois d'une peau de loup, qu'il courait au bas de la lune le lundi, le vendredi et le samedi, qu'il s'était donné dans la forêt à un homme noir qui l'avait embrassé et dont la bouche était extrêmement froide.

Aux questions qui lui furent adressées, au sujet des enfants qu'il disait avoir tués et mangés, il répondit qu'une fois en allant de Coutras à Saint-Aulaye, il entra dans une maison où il ne se trouvait qu'un enfant d'un an dans le berceau : qu'il prit cet enfant à la gorge, l'emporta derrière une palissade du jardin, en mangea tant qu'il voulut, et donna le reste à un autre loup qui était auprès. Qu'une autre fois, vers la paroisse Saint-Antoine, il se jeta sur une jeune fille qui gardait les brebis, la tua, et en mangea une partie. — Que dix semaines auparavant, il avait pris une jeune fille dans une carrière, qu'il l'avait entraînée dans les bruyères et qu'il l'avait mangée.

On informa, à l'effet de savoir si pendant le temps que l'accusé confessait avoir mangé des enfants, il y en avait eu de mangés dans les villages qu'il nommait. On apprit qu'il y en avait eu de mangés. Les parents furent entendus ainsi que des témoins. Les dépositions se trouvèrent parfaitement conformes, et pour le lieu et pour les autres circonstances de temps, de la forme du loup-garou, des blessures, des secours que les parents ou autres avaient ordonné aux enfants blessés, des paroles qui avaient été dites par les personnes qui criaient au loup! des armes et des bâtons qu'avaient ces personnes, enfin des moindres particularités.

Le parlement de Bordeaux, saisi de cette affaire, considérant que J. G... était si stupide et si idiot que les enfants de sept et huit ans ont ordinairement plus de jugement que lui ; qu'abandonné et chassé par son père et une marâtre, il courait les champs sans guide et sans que personne eût soin de lui et l'instruisît dans la crainte de Dieu ; que les religieux auxquels il avait été confié depuis son arrestation témoignaient qu'il détestait son crime, qu'il pleurait et se repentait....., a condamné J. G... à être mis et renfermé toute sa vie dans un couvent pour y servir comme domestique, et lui a défendu de sortir du couvent sous peine d'être pendu et étranglé.

Sept ans après cette condamnation, P. Delancre alla visiter J. G..., et voici ce qu'il en dit :

« Je trouvai que c'était un jeune garçon de l'âge environ de vingt à vingt-un ans, de taille médiane, ayant les yeux hagards, petits et enfoncés, paraissant honteux de ce qu'il avait fait et n'osant pas regarder le monde au visage.

« Il était un peu hébété, non qu'il n'entendît et ne
fît promptement ce que les Pères lui commandaient :
mais il était fort peu spirituel et ne venait pas aisément à bout des choses qui exigent du sens commun.

« Il confessa qu'il avait été longtemps loup-garou,
mais il s'empressait de dire qu'il ne l'était plus.

« Il avait une merveilleuse aptitude à aller à quatre
pattes ; celui qui se fût trouvé au-dessous du plancher
de la chambre dans laquelle je le faisais courir eût
cru entendre un chien. Il allait aussi vite qu'un chien
qui fuit : s'il se retournait, j'avais peine à suivre son
mouvement, tant il était prompt. Dans le jardin il
bondissait aussi adroitement, et sautait aussi légèrement un petit fossé qu'aurait pu le faire un levrier.

« Il confessa qu'il avait encore de l'inclination pour
manger de la chair des petits enfants, et surtout des
petites filles, et qu'il en mangerait si cela ne lui était
défendu.

« Les religieux dirent que dans les premiers temps
de son séjour au couvent, ils l'avaient vu mangeant,
en cachette, des intestins de poisson (1). »

Il mourut en 1610.

L'homme noir avec sa bouche froide, les courses
au bas de la lune, appartiennent à l'époque où le fait
s'est passé ; l'usage d'une peau de loup et la croyance
qu'avec cette peau on était changé en loup, doivent
également y être reportée. Mais cet instinct de féro-

(1) P. Delancre, *Tableau de l'inconstance des mauvais anges et démons*, etc. Paris, 1613.

cité qui fait rechercher la chair des jeunes enfants, est une perversion qui se retrouve à toutes les époques de l'homme et dont les exemples abondent chez les auteurs qui ont écrit sur la sorcellerie.

Mais fermons ici cette parenthèse un peu longue et revenons à notre sujet principal.

C'est encore à l'imitation qu'il faut rapporter ces crimes commis par les enfants qui n'ont eu que de mauvais exemples sous les yeux. N'est-il pas naturel en effet qu'un enfant nourri dans une société où le devoir et le juste sont tournés en dérision, où le vice et les penchants brutaux sont exaltés, où la pudeur est honnie, revête nécessairement les plus mauvais caractères de la nature morale? Son cerveau ne peut plus réagir que sous l'influence d'une faute morale, d'un crime même. Ce cerveau qui agit vicieusement, qui exécute une action mauvaise est modifié par cette action dans sa nutrition propre. La molécule qu'il s'assimile dans cet état de tension vitale et fonctionnelle, n'est pas la même que s'il était dans un état de tension vitale et fonctionnelle pour le bien. Il en résulte que, par la succession ou la répétition de ces actes vicieux, le cerveau peut finir par être altéré, vicié dans sa structure intime. Telle partie du cerveau qui agit avec plus d'énergie se développe pendant que telle autre laissée dans le repos s'atrophie. La loi de ces changements est la même que celle qui régit le développement des autres organes, qui, par exemple, amène un surcroît de développement dans les membres inférieurs chez les marcheurs, ou dans les bras chez les boulangers (1). Comment expliquer autrement le fait raconté par Esquirol de cette petite fille de trois ans qui, entendant sans cesse maudire la seconde femme de son père, désire la mort de sa belle-mère et à l'âge de cinq ans fait des tentatives pour la tuer?

Des grandes convulsions politiques et sociales telles que celles qui bouleversèrent la société à la fin du siècle dernier, il ressort presque toujours de ces traits que la vie commune ne saurait produire. L'impulsion imitative a joué un rôle lugubre dans les orgies de la Révolution.

En 1789, on a vu, au Mans, des enfants porter au son des tambourins et des violons les têtes de MM. de Montesson et Cureau massacrés par le peuple en délire.

A Paris, « les enfants, imitateurs empressés des actions qui ont la vogue, singent en miniature, et dans le mois qui suit le meurtre de Berthier et de Foulon, on rapporte à Bailly que des gamins paradent dans la rue avec deux têtes de chats au bout d'une pique (2). »

En 1793, Volney en traversant la France observait sur la route des enfants occupés à lanterner des animaux, lorsque la guillotine fut devenue une fin

(1) Ces données encore très hypothétiques au point de vue des phénomènes de la localisation cérébrale, semblent avoir reçu un commencement de consécration par l'existence très fréquente d'une circonvolution supplémentaire chez les meurtriers. C'est là du reste un point sur lequel nous reviendrons dans un chapitre ultérieur.

(2) Taine, *Origines de la France contemporaine*, p. 96, III.

naturelle et le lit de mort de tout ce qui restait de dévouement, de génie, de courage en France. « On voyait, dit un historien de ces tristes journées, cet instrument de mort, entre les mains des enfants, réduit à la proportion de jouets ordinaires et leur servant à décapiter leurs poupées, des pigeons, des oiseaux et autres petits animaux. »

Pendant les effroyables luttes qui, au commencement de ce siècle, ensanglantèrent Saint-Domingue, on vit au cours d'une exécution ordonnée par Dessaline, empereur d'Haïti, des enfants traînant des vieux sabres, mutiler les assassinés et jouer dans les rigoles avec le sang (1).

De nos jours, et pour ne rappeler que des souvenirs que chacun de nous a encore très présents à la mémoire, n'a-t-on pas vu les instincts les plus méchants, les plus bas, les plus cruels, se développer chez des enfants pendant les tristes journées de nos révolutions ? Le mal et les ravages que commettaient ces jeunes êtres étaient d'autant plus terribles que l'on ne se méfiait pas d'eux. Pillards, incendiaires, ils ne reculaient pas devant le meurtre, et, suivant l'exemple que leur donnaient les hommes faits, tout comme eux ils faisaient le coup de feu, se glissaient habilement près de la victime qu'ils avaient choisie, et tiraient à coup sûr.

Enfin, pour en finir avec les causes morales, je ne saurais assez rappeler l'influence désastreuse de la

(1) Exécution de Port-au-Prince, 16 mars 1804. Cité par E. La Selve, *Voyage au pays des Nègres*, Paris, 1881.

trop grande publicité donnée aux causes criminelles.

A maintes reprises, nous nous sommes élevé avec énergie contre cette déplorable tendance de certaine presse à raconter avec tant de minutie les détails les plus circontanciés du crime, à s'occuper des moindres faits et gestes de ces précoces criminels, à leur dresser un piédestal. Hier encore, n'a-t-on pas vu le jeune L..., cet assassin de quatorze ans qui de sang-froid éventre un malheureux enfant de six ans, n'avoir d'autre préoccupation, au fond de sa cellule, que de « soigner sa réputation » ? « Parle-t-on beaucoup de moi dans les journaux ? demande-t-il ; a-t-on donné mon portrait ? s'occupe-t-on autant de moi que de Foullois ?... » Et quand on le conduit à l'atelier de photographie : « Je voudrais bien conserver ma cravate : j'ai vu le portrait de Menesclou décravaté, cela lui donnait un air pas comme il faut. Je ne voudrais pas être comme cela..... » Voilà ses préoccupations !

Oui, la presse, *et en particulier la presse illustrée*, est la cause occasionnelle la plus active des nombreux attentats contre les personnes dont nous sommes témoins chaque jour : si nous éprouvions le besoin d'étayer notre opinion de témoignages empruntés aux hommes les plus compétents en pareille matière, nous n'aurions vraiment que l'embarras du choix.

Mais il est inutile d'insister plus longuement sur ces détails dont chacun a pu contrôler l'exactitude et qui terminent la série des causes morales dont l'importance mérite d'être signalée. Nous n'avons pas eu la prétention de les passer toutes en revue ; pareil travail serait fastidieux et, quoiqu'on fasse, fatalement incomplet.

Nous allons maintenant étudier les causes physiques, dont pareillement nous ne signalerons que les plus importantes et les plus fréquentes.

2° — CAUSES TENANT A LA NATURE PHYSIQUE.

En thèse générale, il est permis de dire qu'à l'exception d'un petit nombre de cas, on peut presque toujours assigner quelque accident physique au début de la folie, ou comme cause exclusive, ou, ce qui est plus fréquent, comme ayant agi de concert avec des causes morales.

Chez un grand nombre d'aliénés, l'invasion de la maladie est brusque, inattendue, et le passage de la raison au délire, à l'exécution de l'acte qui en est la conséquence, s'effectue avec une rapidité qui échappe au sens interne. Chez un plus grand nombre encore, le mal a été prévu : les malades ont été avertis par un dérangement appréciable, le plus souvent pour eux seuls, dans leurs facultés intellectuelles et affectives. Ces phénomènes sont accusés par les malades eux-mêmes. On ne saurait douter de leur véracité, et cette faculté de se rendre compte de sa propre déchéance morale est certes, entre mille, une des anomalies de l'intelligence humaine qu'il faut croire sans chercher à s'en rendre compte.

D'une façon générale, on peut dire que l'enfance

est peu sujette aux affections mentales proprement dites, abstraction faite des accidents nerveux convulsifs, dont la fréquence au contraire est chose connue de tous. Cependant parmi les formes vésaniques que l'on observe, les monomanies suicide et homicide peuvent se montrer dans un âge fort tendre. Esquirol cite, entre autres, l'observation de deux petites filles de sept ans, chez lesquelles le penchant au meurtre existait. Il y a eu, chez Brierre de Boismont, un petit garçon de cinq ans, qui disait, lorsqu'on lui faisait quelques observations : « Si je pouvais vous enfoncer un couteau dans le cœur ! » Il était presque toujours en fureur, frappait tout le monde, brisait tout ce qu'il avait sous la main, cherchait à tout dévaster.

Dans le courant de ce travail, nous avons également cité plusieurs faits de monomanie homicide observés chez des enfants encore plus jeunes. Mais, il faut bien le dire, ces penchants à un âge si tendre sont relativement rares, et ce n'est guère qu'aux approches de la puberté que l'enfant est plus enclin à ces penchants meurtriers.

Puberté. — Lors de cette transformation qui fera de l'enfant un individu propre à remplir le rôle qui lui est assigné sur cette terre, l'enfant subit à son insu un entraînement démesuré, instinctif, fatal. vers les plaisirs des sens.

A l'époque de la puberté. les changements organiques constituent une sorte d'état morbide. L'organisme est en proie à une suractivité, une turgescence générale, sous l'influence de laquelle toutes les fonctions s'exécutent avec un surcroît d'activité, se manifestant habituellement par l'affluence des passions excentriques. Le jeune homme s'enivre avec fureur de tous les plaisirs comme s'il avait hâte d'en tarir la source : rien ne semble impossible à son ardeur, à sa témérité ; il ne recule devant rien pour se procurer ce qu'il convoite, il agit comme une machine, comme une brute, sans calculer la portée de l'acte qu'il commet : tout au présent, l'avenir n'existe pas pour lui. « J'ai toujours vu, dit Rousseau, que les jeunes gens corrompus de bonne heure et livrés aux femmes et à la débauche étaient inhumains et cruels. La fougue du tempérament les rendait impatients, vindicatifs, furieux ; ils ne connaissaient ni pitié, ni miséricorde ; ils auraient sacrifié père, mère et l'univers entier au moindre de leurs plaisirs (1). »

Deux romans célèbres, *Clarisse* et les *Liaisons dangereuses*, ont consacré dans leurs héros ce type de perversité.

Vers cette époque encore, ils exercent des cruautés sur les animaux ou administrent du poison à d'autres enfants, ils mettent le feu à la maison qu'ils habitent ou à d'autres habitations. On observe principalement cet état, dit le Dr Wigan (2), parmi les domestiques, les serviteurs de fermes, les individus d'une intelligence bornée. On le retrouve parmi les

(1) Rousseau, *Emile*, l. iv.
(2) Wigan, *Notes manuscrites. Analyse in. ann. médico-psych.*

enfants de bonne famille : mais alors cette espèce d'impulsion a moins d'expression. Elle s'annonce par le mépris pour les périls, par des actes d'une témérité folle, tels que sauter de larges fossés, marcher le plus près possible d'un précipice, se livrer à des manifestations d'une impulsion violente, sans motif d'émulation ou de vanité, d'une bravoure téméraire sans raisonnement, par le besoin irrésistible de faire une chose quelconque.

C'est à cette cause qu'il faut, croyons-nous, rapporter ces infanticides atroces commis de sang-froid par des filles à peine pubères, qui s'étaient laissées entraîner vers de faciles débauches, ainsi qu'on le vit dans un village du Lot-et-Garonne. Une fille de quinze ans fut arrêtée pour le crime d'infanticide. Après un long interrogatoire, elle avoua l'acte auquel elle s'était livrée (1).

A la première apparition des menstrues, chez la jeune fille, à l'instant où l'utérus se réveille pour jouer le rôle qui lui est dévolu par la nature, il se produit de même une réaction sympathique sur tout l'organisme.

Les facultés intellectuelles subissent l'influence des modifications de la nature physique, et suivant les conditions où se trouve l'individu, conditions d'hérédité, d'éducation, de milieu... etc., etc., l'enfant est

---

(1) *Bulletin des tribunaux*, 23 mars 1880.

Voir à ce sujet un article intitulé : *De l'infanticide au point de vue de la responsabilité morale*, par P. Moreau de Tours (*Annales de gynécologie,* t. XIV, janvier 1881).

entraîné vers tel ou tel genre de vie, irrésistiblement, fatalement.

Une petite fille de six ans voit massacrer son père. Elle a souvent des terreurs paniques. A quatorze ans, les menstrues s'établissent mal, elle devient maniaque. Elle veut se précipiter sur tout le monde : la vue d'un couteau, d'une arme, de beaucoup d'hommes assemblés, excite chez elle la fureur la plus violente.

Mademoiselle X... à l'âge de quatorze ans, jouissait d'une très bonne santé, au moins en apparence. Elle avait de l'embonpoint, quoiqu'elle ne fût pas encore réglée. Tous les signes de la puberté étaient très prononcés. A chaque époque menstruelle, ou mieux tous les mois, mademoiselle X... se plaignait de céphalalgie, ses yeux étaient rouges, elle était inquiète, irascible, sombre; bientôt la face s'injectait fortement ainsi que les yeux. Tout était une contrariété, tout était un motif d'irritation. Elle cherchait dispute particulièrement à sa mère ; enfin elle s'abandonnait à la colère la plus violente. Dans cet état, sa mère était toujours l'objet de ses emportements, de ses injures, de ses menaces, de ses malédictions. Quelquefois elle a fait des tentatives de suicide ; elle a saisi deux ou trois fois un couteau et a été retenue s'élançant ainsi armée sur sa mère. Lorsque l'accès était arrivé à ce haut degré, le sang s'échappait par la bouche, par le nez, quelquefois par les yeux ; alors survenaient des pleurs, un tremblement général, du froid des extrémités, des douleurs convulsives dans tous les membres, des regrets suivis d'un long affaissement. Cet état de souffrance persistait pendant plusieurs heures… Il arrivait à mademoiselle X. de provoquer les occasions de querelles, afin de précipiter la marche de l'accès et arriver à la période de colère. Dans ce dernier état, elle ne souffrait plus, tandis qu'auparavant elle éprouvait des douleurs atroces dans le corps et surtout dans la tête. L'accès fini, mademoiselle X. était bonne pour sa mère et lui demandait pardon en lui prodiguant les plus vives tendresses.

La maladie ne cessa qu'à 17 ans, époque où les règles parurent (1).

Tout récemment, à la fin du mois de février 1882, une jeune fille à peine âgée de 14 ans, employée comme domestique dans une maison de Charenton, a fait une tentative d'empoisonnement sur une petite fille de trois ans, confiée à ses soins. Elle avait saupoudré d'émétique un morceau de sucre qu'elle avait donné à manger à l'enfant.

En voyant la pauvre petite se tordre dans les douleurs, elle eut peur et se sauva. Elle a été arrêtée dans une cave où elle s'était réfugiée.

L'enquête a établi que M. B… était dans un âge critique qui la rend inconsciente de ses actes, et qu'en agissant comme elle l'avait fait, elle avait voulu se venger de ses maîtres dont elle avait reçu des reproches. — La puberté en favorisant le développement des affections héréditaires, l'établissement

______

(1) Esquirol, *Monomanie homicide.*

de la menstruation, joue donc dans l'étiologie de la folie dans le jeune âge, un rôle dont on ne saurait méconnaître l'importance. Aussi plus que jamais doit-on veiller sur l'enfant à cette période de transition. Bien souvent des soins éclairés, des précautions convenables ont-ils pu faire avorter un accès et prévenir à tout jamais le retour des accidents les plus graves.

De ce que nous venons d'exposer, découle naturellement cette autre question : Quel est le sexe le plus fréquemment atteint?

Nous fondant sur le dépouillement des observations que nous avons pu recueillir, nous appuyant surtout sur la grande autorité de notre savant maître le Dr Delasiauve, qui a eu des milliers d'enfants à soigner tant à Bicêtre qu'à la Salpêtrière, nous répondrons :

Bien plus que les garçons, les filles présentent les aberrations du sentiment les plus variées (1).

Quelle est la raison de cette disproportion? Il faut, croyons-nous, la chercher purement et simplement dans la différence si marquée des caractères dans les deux sexes, dans la prédominance du tempérament nerveux chez la femme, et il faut rejeter les hypothèses des auteurs allemands qui expliqueraient cette grande fréquence des aberrations du sentiment chez la femme, par des particularités anatomiques entre le cerveau de l'homme et le cerveau de la femme.

(1) D'après les malades observés par Delasiauve, ce chiffre serait de 8,6 0/0 filles et 1,6 0/0 garçons.

ÉTAT MORBIDE OU MORBIDITÉ. — Nous comprenons dans ce chapitre et sous ce nom, l'état de maladie, le génie morbide, si l'on veut nous permettre cette expression, qui, à un moment donné, pour une cause ou pour une autre, que nous n'avons pas à rechercher ici, peut atteindre et frapper l'organisme.

Les affections qui constituent cet état peuvent être rangées en deux grands groupes, ce qui rend son étude plus facile et en même temps plus nette.

Elles peuvent être *naturelles*, c'est-à-dire innées, tenant à la personne par droit de naissance, ou être *acquises*, c'est-à-dire la conséquence fatale d'une maladie antérieure, d'un accident imprévu.

Dans cette classe se range le nervosisme, état bizarre qui affecte le système nerveux entier sans se localiser plus spécialement à un appareil ou à un centre, dont la marche est des plus indéfinies et les manifestations les plus étranges. Puis viennent les impulsions, l'hystérie, l'épilepsie, l'idiotie, l'imbécillité, la surdi-mutité..... etc.

Les autres affections qui constituent la morbidité peuvent être essentiellement acquises : elles ne sont que des accidents volontaires ou involontaires, peu importe, de l'existence. Ce sont les maladies générales, l'empoisonnement, l'alcoolisme, les traumatismes..... etc.

Or, ainsi que nul ne l'ignore, chacune de ces affections peut être le point de départ de troubles psychiques qui, tout en laissant parfois à l'individu un semblant de saine raison, peuvent cependant se traduire au dehors par des actes de la plus haute gravité. Telles sont les impulsions.

IMPULSIONS. — Sous le nom de *monomanie destructive, Homicide, Pyromanie*,... etc., on a décrit des impulsions redoutables ayant un caractère d'irrésistibilité morbide. L'individu qui est atteint de ce genre de vésanie, est un véritable automate mû par une force morbide, qui veut sans liberté, mais qui veut parfois avec conscience, même avec une conscience complète, avec une remarquable intégrité du jugement et des conceptions. Cependant, à certains moments, cet être n'est plus le représentant de la force humaine : il est sous l'empire de ses intérêts. Il agit par entraînement, il agit sous l'influence d'une volonté plus forte que la sienne. « Il y a en moi, disent-ils, quelqu'un qui n'est pas moi, qui me pousse et m'oblige à obéir. Je sais tout ce que je fais et je sens dans ma tête quelque chose qui me travaille. Je sens que j'ai une volonté, mais je sais aussi que je suis paralysé au point que ma volonté ne peut plus arrêter une autre volonté. »

C'est sans colère, sans vengeance, sans imbécillité que le malheureux tue, incendie. Cette véritable folie morale existe aussi chez les enfants, et tels que l'on prend simplement pour des enfants gâtés, ne sont autres que de jeunes malades qui doivent à l'hérédité des dispositions morales qu'accentuent encore la mauvaise éducation et la faiblesse maladive des parents.

Cet état mental, parfois très précoce (Savage admet comme âge moyen 5 à 11 ans) (1), se caractérise chez ces enfants pervers par le mensonge, le vol, l'extrême cruauté envers les animaux, envers leurs plus jeunes camarades à l'école. Ces impulsions morbides prenant parfois une plus grande intensité, les poussent à mettre le feu, à tuer.

Un enfant de 4 ans, chez qui l'instinct du meurtre se révélait tout à coup, s'arma d'un couteau et se penchant sur le berceau d'un nourrisson de 10 mois, dont sa mère ne protégeait pas le périlleux sommeil, il lui coupa le nez et lui laboura la figure d'horribles cicatrices. L'ayant ainsi mutilé il alla prendre des cendres et de l'eau, en fit une espèce de masque qu'il appliqua sur le visage pour étancher le sang et étouffer les clameurs de l'infortuné. Quand la mère qui travaillait sur le devant de la maison accourut aux cris que poussait le pauvre enfant, le coupable s'enfuit à pas précipités et alla se cacher. On le trouva les mains encore teintes de sang (2).

Cet état bizarre est bien plus sensible chez l'enfant, et cela est tellement vrai, tellement connu de tout le monde, que lorsque l'âge si tendre du sujet, l'énormité du forfait, attirent l'attention sur ces précoces criminels, on refuse de croire à tant de perversité et on cherche à rejeter sur un état maladif, sur un tempérament nerveux, sur une constitution héréditaire, le mobile qui les a fait agir. L'esprit reste confondu, attéré, lorsque traduits en justice, soumis

(1) Savage, *Folie morale* (*Journ. of ment. scien.* 1881).
(2) *Journal de la Haute-Loire*, 1852.

à l'examen des médecins experts, ceux-ci déclarent après mûr examen que l'individu est parfaitement responsable de ses actions.

C'est ce qui vient d'avoir lieu pour le jeune L..... qui sans raison plausible a éventré, puis étranglé un enfant de 6 ans ! Pendant tout le temps que les experts ont consacré à l'examen de ce précoce criminel, il n'ont pu découvrir aucun phénomène morbide qui pût servir d'excuse ou tout au moins d'atténuation à l'épouvantable crime dont il était inculpé. L'hérédité existe bien, mais seule dans la balance, quelle importance peut-elle avoir aux yeux des magistrats ? Son action, quelqu'irréfutable qu'elle soit, est encore trop scientifique pour que son existence seule, prouvée, ait une autorité suffisante pour influencer la détermination du jury. Tout au plus veut-on en tenir compte, lorsqu'elle vient à l'appui d'autres preuves nombreuses d'insanité.

La part faite à la science, ajoutons néanmoins qu'il est heureux qu'il en soit ainsi, car avec les idées presque généralement admises aujourd'hui de faire la part la plus large possible à l'hérédité, presque toujours, pour ne pas dire *toujours*, on trouverait des antécédents héréditaires chez l'accusé.

Il est inutile de faire ressortir les conséquences désastreuses où conduirait cette théorie au point de vue social !

Mais ceci nous écarte de notre sujet. La nature de l'enfant, disons-nous, est éminemment nerveuse. Au début de la vie, l'élément névropathique domine, et on sait qu'un simple accès de fièvre, une indigestion, la présence de vers intestinaux suffisent pour provoquer des convulsions et du délire avec une extrême facilité, mais qui aussi se dissipent de même.

Sous l'empire de cet état pour ainsi dire physiologique, l'intelligence, la sensibilité, le mouvement, peuvent subir des troubles passagers ou durables, et, dans ce dernier cas, revêtir une gravité plus ou moins considérable.

Pour une cause futile, l'enfant se fâche, s'emporte; si on lui refuse ce que l'on ne peut et l'on ne veut lui donner, il trépigne, se roule à terre, casse et brise tout, passant sa colère sur des objets inanimés. A-t-il un frère, une sœur plus jeune que lui? A-t-il pour compagnon de ses jeux des animaux? un chien? un chat? un oiseau? ce sont eux alors qui sont ses souffre-douleurs; qu'au moment d'un accès cet enfant ait entre les mains un objet quelconque, pouvant lui servir d'armes, quoi d'étonnant qu'il frappe, qu'il blesse, qu'il tue même? Le crime commis, l'enquête ordonnée, les parents qui presque toujours cherchent à se faire illusion (sentiment bien excusable!) rejettent cet accès sur le compte de la colère. Violente colère, si l'on veut, mais dont le point de départ est maladif et qui exige un traitement qu'il est impossible d'obtenir au sein de la famille.

Un enfant de 6 ans, issu de parents plus ou moins excentriques, se fit de bonne heure remarquer par une grande vivacité de caractère, qui à la moindre contrariété dégénérait en convulsions suivies de coma.

Il fuyait les caresses, y répondait par des actes de violence et ne paraissait tenir aucun compte des amusements que recherchent les enfants. Sa sœur étant venue à mourir, il mit le feu au berceau dans lequel reposait le cadavre. Il ne pensait qu'à mal faire, et tous les moyens lui étaient bons pour satisfaire ses penchants destructifs (1).

Plus l'enfant avance en âge, plus cet état s'aggrave. Le très jeune enfant agit sous l'empire d'une impulsion subite ; son bras frappe comme un ressort se détend : il ne réfléchit pas à ce qu'il fait, et il est dans son rôle. A son âge on vit pour la minute présente, sans nul souci de l'instant d'après. Plus tard, l'enfant devenu plus raisonnable, sait très bien qu'il fait mal, que son action sera blâmée et sévèrement punie ; mais lui aussi, sous l'influence névropathique qui le domine et le tient en sa puissance, il agira à l'aveugle, déplorant souvent, mais trop tard, l'acte qu'il aura commis.

Sans présenter d'autres effets, sans donner lieu à d'autres symptômes, le nervosisme jetant un trouble considérable dans l'harmonie des lois organiques et faisant commettre les actes les plus répréhensibles, entraînant les crimes les plus épouvantables, il y a donc lieu d'en tenir un compte sérieux. Sans crainte d'erreur on peut regarder cet état comme le point de départ, comme l'état général d'où dériveront d'autres névroses nettement définies, se manifestant par des

(1) *The Lancet,* 1863.

troubles qui se répercutent sur la nature physique et la nature morale.

Bien que l'étude de ces névroses soit aussi complète qu'on peut le désirer de nos jours, sans entrer dans la description des faits bien connus, et laissant de côté les phénomènes physiques, nous ne pouvons cependant nous dispenser de dire quelques mots des troubles intellectuels qui accompagnent presque constamment les accidents convulsifs.

Hystérie. — Un délire spécial, présentant des caractères propres, pathognomoniques imprime, un cachet tout particulier aux idées délirantes des hystériques. Ces caractères sont assez tranchés pour permettre de les différencier des autres délires d'origine également névropathique.

Mon père a étudié spécialement cette forme mentale et mis en lumière les traits types de la folie névropathique (1), parmi lesquels nous signalerons surtout la conscience du délire, les idées de suicides, les impulsions.

Remarquons ici que les idées de suicide fréquentes et pour ainsi dire de règle chez la plupart des aliénés ordinaires, ont ici un caractère impulsif tout particulier. Elles naissent instantanément, sans motif, sans raison, et avec une soudaineté non moins grande, elles sont mises à exécution sans raisonnement, sans tentative et sans possibilité de s'y soustraire : « Comme les idées de suicide, dit l'auteur

(1) Moreau de Tours, *Traité pratique de la folie névropathique*, vulgo *hystérique*, Paris, 1869.

que nous venons de citer, les impulsions à frapper,
à détruire, sont empreintes du caractère d'instantanéité et d'automatisme. C'est sous la pression d'idées
de vengeance, de terreur, le plus souvent dans le
but de prévenir un danger imaginaire, de repousser
l'agression d'un ennemi... etc., que les aliénés se
livrent à des actes dont ceux qui les entourent et les
soignent sont trop souvent victimes. Il n'en est pas
de même des hystériques et des hystéro-épileptiques.
Un irrésistible besoin d'étreindre fortement les objets
qui se trouvent à leur portée, de frapper, de mordre
même, de déchirer leurs vêtements ou tout simplement d'injurier, de chercher querelle, de taquiner,
d'exciter l'impatience et la colère, s'empare d'elles
brusquement, sans cause et, comme on dit généralement, sans rime ni raison. Elles n'en veulent aucunement aux personnes contre lesquelles elles s'empor-
tent, ne sont mues ni par la haine ni par la vengeance.
L'impulsion, l'acte, semblent n'avoir aucune raison
d'être et obéir aux mêmes lois que les mouvements
désordonnés qui constituent leurs attaques.

Une jeune fille de treize ans est à la suite d'une
frayeur, prise d'accidents convulsifs : pendant ses
accès, la malade se roule sur son lit, se jette sur
les personnes qui l'approchent et fait des tentatives
pour les frapper et les mordre : d'autres fois, se
sauvant dans un jardin, elle courait vers un puits
comme pour s'y jeter, s'élançait contre les murailles
et faisait des efforts pour y grimper,.. etc. Ces accès
de délire alternaient tantôt avec des spasmes de

la gorge, tantôt avec des convulsions... etc. (1).

Une autre enfant de treize ans, soignée par Louyer-Villermay, était sujette à des accès hystériques dont les intervalles apyrétiques étaient marqués par une grande sensibilité. Elle accablait de caresses sa mère qu'elle chérissait tendrement. Un jour elle lui demanda une montre en or qui lui fut refusée. Dès lors, pendant la rémission de ses accès, elle montra la plus grande insensibilité aux prévenances de sa mère ; elle feignait de vouloir l'embrasser pour mieux la surprendre et la mordre, et semblait ressentir pour elle une sorte d'horreur. « Singulier effet, ajoute Louyer-Villermay, des accidents nerveux qui, entre autres désordres, semblent avoir changé en des sentiments haineux et cruels, un simple mécontentement ! »

Il est à remarquer toutefois que les attaques de délire sont assez rares, et l'on n'en trouve que peu d'exemples dans les auteurs. Cependant ces attaques ont le plus ordinairement lieu chez les jeunes sujets et principalement chez ceux dont l'intelligence est fort avancée, dont l'imagination et l'impressionnabilité sont très vives. Elles naissent comme les autres attaques, et à l'occasion d'une émotion ou d'un trouble quelconque accidentellement survenu.

D'après ces quelques mots, on conçoit sans peine l'importance qu'acquiert la constatation de cette maladie, lorsque le malade tombe aux mains de la

(1) *Journal de la Société de méd. de Paris*, t. XXXIII.

justice comme s'étant rendu coupable d'un crime, sera appelé devant les magistrats chargés de statuer sur son sort.

Si les meurtres commis sous l'influence d'un accès hystérique s'observent peu fréquemment, il n'en est malheureusement pas de même lorsque la névrose est l'épilepsie.

Épilepsie. — L'étude des troubles si graves qui non seulement frappent le malade après ses accès, mais encore font partie inhérente des accidents convulsifs et qui, dès les premières attaques, impriment leur cachet indélébile sur les facultés affectives et morales, n'est plus à faire. Aussi passerons-nous rapidement sur cette névrose dont nous n'esquisserons que les traits principaux.

Chacun connaît la nature impulsive des actes, leur irrésistibilité, leur violence. Chacun connaît l'acharnement, la rage, la cruauté avec laquelle les malheureux épileptiques frappent leurs victimes et pour nous servir d'une heureuse expression de Delasiauve, nous dirons que l'épileptique parcourt en quelque sorte tous les tons de la gamme maniaque, depuis l'irascibilité capricieuse, l'excitation turbulente, jusqu'à l'incohérence et la fureur la plus déréglée.

L'irritabilité et la colère sont les traits dominants de leur délire. Un mot, un geste, suffisent pour les irriter; souvent même aucune cause apparente n'a pu expliquer leur soudaine détermination, d'autant plus nuisible, d'autant plus dangereuse qu'elle est plus inattendue. Ces accès terribles peuvent revêtir le type intermittent, c'est-à-dire, se manifester simultanément avec une attaque convulsive, soit la précéder, soit la suivre. Ils peuvent encore revêtir le type permanent, et c'est sans contredit la forme la plus grave. Sous l'influence réitérée des vertiges, des accès, etc., l'intelligence a subi une action profonde. Sans cesse excités, ces malades passent de la joie la plus vive à la colère la plus redoutable, tournant leur fureur contre tout ce qui les entoure, souvent même contre leur propre personne.

C..., neuf ans, n'a que de grandes attaques. A certaines époques il est d'un caractère doux, caressant, mais à d'autres moments, la fureur se développe brusquement, sans motifs. Il crache alors sur tout le monde, cherche à se mordre lui-même quand il ne peut mordre les autres. Les morsures qu'il fait sont quelquefois très profondes. On est obligé de prendre quelques mesures pour le contenir. Alors il hurle sans rien écouter : ni promesses, ni menaces, ni punitions, n'exercent d'influence sur lui. Cette fureur se calme aussi vite qu'elle est venue.

G... est très à craindre. On est d'autant moins en sécurité avec lui que l'explosion du délire est souvent immédiate, et que les procédés violents suivent la détermination avec la promptitude de l'éclair. D'un coup de pied il a failli briser la jambe d'un garçon de service qui est resté malade pendant un mois. Il en eût certainement tué un autre avec une écuelle qu'il lança à la tête si par malheur il l'eût atteint. Vingt fois de pareils accidents ont failli se reproduire. Quand s'élevant à son apogée, l'excitation se transforme en incohérence, rien n'égale l'expression farouche des traits, le cynisme de ses propos, la véhémence de ses paroles. Dans sa rage enfin, ne pouvant faire plus à cause des entraves qui le mettent dans l'impossibilité de nuire, G... crache au visage de ceux qui l'approchent et cherche à les mordre (1), etc.

Qu'un pareil malade, dans un tel moment soit libre, on aura alors à redouter les plus terribles accidents. Sa fureur ne se tournera plus seulement sur lui, mais sur tout être animé, sur tout objet inanimé qu'il trouvera sur son passage. Malheur à qui n'aura pas eu le temps de se garer! La mort ou tout au moins les plus terribles mutilations attendent les infortunés que la fatalité a désigné à ses coups. Il s'acharnera sur la victime même morte, et continuera à frapper avec une rage toujours croissante. Ne trouve-t-il personne? armé de tout ce qui lui tombe sous la main, il parcourt la campagne, frappant les arbres, piétinant les moissons, détruisant le plus possible, coupant avec une extrême rapidité tout ce qui se trouve devant lui. D'autres fois, enfin, cette rage de destruction se traduit par une impulsion irrésistible à mettre le feu.

Les exemples d'épileptiques incendiaires sont malheureusement trop fréquents pour qu'il soit nécessaire d'y insister et d'en donner des exemples.

____

(1) Obs. Delasiauve.

A côté de ces névroses convulsives, se placent d'autres phénomènes nerveux dont l'importance n'est pas moindre au point de vue des accidents terribles qui peuvent être engendrés par leur existence. Pas plus que les adultes, les enfants n'en sont exempts, pas plus que pour eux, les conséquences n'en sont moins redoutables. Nous avons nommé l'hallucination.

HALLUCINATIONS. — Les hallucinations ont été observées chez l'enfant. Chacun pourrait en citer de nombreux exemples. Produites ordinairement par des causes morales, les hallucinations sont souvent chez lui le résultat de frayeurs, de contes absurdes, de châtiments infligés, à tort ou à raison.

On les observe à l'état de veille : elles se produisent dans le sommeil et subsistent quelque temps encore après le réveil.

Nous avons connu un enfant de 9 ans, environ, qui avait été fortement grondé pour une faute de son âge, quelques instants avant son coucher. Vers le milieu de la nuit, ses parents furent réveillés en sursaut par des gémissements. Ils coururent à son lit et le trouvèrent pleurant, se débattant, faisant des efforts pour fuir. On lui demanda ce qu'il avait, ses premières paroles furent confuses : il avait les yeux ouverts : il répondit qu'il était très tourmenté et qu'il avait devant lui des figures de marchands qui l'effrayaient beaucoup et qu'il suppliait d'ôter de là : « Mais, cher enfant, lui dirent ses parents, ne vois-tu pas que ton père et ta mère sont là, à côté de toi? — Oui, je le vois bien, mais les marchands sont là; faites-les partir. — Regarde bien, tu es dans ton lit, dans notre appartement qui est éclairé. — Je le sais bien, mais les marchands ne s'en vont pas. — Eh bien, il faut te lever et faire du thé avec nous. — Vous avez raison, j'aime mieux me lever. » Sa terreur et ses pleurs continuèrent encore quelque temps, puis tout cessa.

Un autre enfant de 7 ans, que nous avons également beaucoup connu, à la suite de contes faits par sa bonne pour l'endormir, se réveilla une nuit en sursaut en s'écriant : « Maman, maman, l'homme rouge qui va me prendre ! — et ce disant, tendait le bras vers un coin de la chambre, — là, sur le mur, le vois-tu ? — Durant plusieurs mois, le même rêve se présenta, et, chose remarquable, l'enfant éveillé, pendant le jour, au milieu de ses jeux, s'arrêtait brusquement, venait se jeter dans les bras de sa mère toujours en criant : « Maman, maman, l'homme rouge, là, sur le mur; » et il regardait fixement.

Au bout d'un certain temps, cette hallucination cessa d'elle-même.

Sous l'influence de ces visions terrifiantes, l'enfant n'est plus maître de lui et tout comme un aliéné tourmenté par ses visions, il cherche à se défendre des menaces, des obsessions dont il est l'objet, et pour ce faire, il frappe, met le feu, ou suivant son impuissance à se défendre, cherche dans la mort un terme à ses maux.

Nous en avons cité dans notre thèse de nombreux exemples (1).

Les hallucinations nous amènent à signaler encore une cause qui, croyons-nous, a été trop souvent négligée dans l'étude des causes étiologiques de la folie chez les enfants. Nous voulons parler de ces phénomènes psychiques que l'on observe assez souvent chez l'adulte, de cet état si bien décrit par mon père dans différents travaux (*Du Hachisch et de l'aliénation mentale. — Identité du rêve et de la folie...* etc.) : État intermédiaire de la veille et du sommeil. Il est arrivé que, dans cet état, les individus ont été le jouet des illusions les plus dangereuses qui, dans quelques circonstances, ont provoqué le suicide et l'homicide.

Les annales sanglantes sont fort riches en faits de ce genre : brusquement tiré de son sommeil, l'homme se trouve dans une situation étrange. Il n'est pas maître de lui, il ne se possède pas, et il agit automatiquement, inconsciemment.

Au dire des militaires qui ont vieilli dans les camps, rapporte Legrand du Saulle (2), au dire de ceux dont le témoignage peut être le moins suspect, des soldats auraient parfois blessé ou tué, au bivouac quelques-uns de leurs camarades occupés à les réveiller. Dans leur trouble ils se seraient cru surpris par l'ennemi et se seraient machinalement défendus.

(1) P. Moreau de Tours, *De la contagion du suicide à propos de l'épidémie actuelle.* Paris, 1875.

(2) *Folie devant les tribunaux.* Paris, 1864.

Bien souvent la science a usé de ce subterfuge pour dévoiler des supercheries que l'on soupçonnait chez des individus simulant une maladie qui les rendait irresponsables d'un méfait commis par eux, et si parfois on a eu un résultat négatif, bien que la simulation fût flagrante, ces exceptions viennent ici confirmer la règle. Il faut une nature toute spéciale pour que l'esprit soit toujours tenu en suspens même pendant le repos complet du corps ; eh bien, ré- veillez un enfant brusquement : son premier mou- vement sera un signe de terreur, en même temps qu'une mise en défense. Contre qui? contre quoi? il n'en sait rien encore, mais il prévoit un danger qui lui est annoncé par le bruit anormal qui l'a tiré de son sommeil. Son deuxième mouvement, si quel- qu'un est près de lui, sera de frapper, toujours pour se défendre, puis le réveil s'opère tout à fait, l'en- fant se rend compte de ce qui se passe, voit autour de lui des figures connues, tout cesse, tout rentre dans l'ordre. Cette succession de faits se passe dans un laps de temps beaucoup plus rapide que ne sem- ble l'indiquer l'analyse des différentes phases. Elles sont pour ainsi dire instantanées, automatiques ; les personnes qui vivent avec les enfants, qui en ont élevé, qui par conséquent sont à même de les obser- ver à chaque heure du jour et de la nuit, peuvent contrôler la justesse de ce tableau.

De même en est-il encore de ce qu'on nomme *cauchemar*. Sous l'influence de rêves pénibles, quelle que soit la cause qui les engendre, sous l'influence de visions terrifiantes, à demi-réveillé, haletant, couvert de sueur, frissonnant, le malheureux se défend contre l'être qui l'étouffe, contre les assassins qui en veulent à sa personne, contre les animaux, les monstres qui l'attaquent. Il lutte dans son rêve pour défendre sa vie, et malheureusement il arrive que la personne contre laquelle il se défend n'est pas aussi immatérielle que dans son rêve, qu'il lutte contre celui ou celle qui reposait près de lui et lorsqu'il se réveille complètement, lorsqu'il reprend pleine possession de lui-même, un meurtre a été commis.

Un jeune homme avait souvent des rêves terribles ; une nuit que son père s'était levé, il entendit le grincement d'une porte ; il saisit son fusil en guettant celui dont les pas s'approchaient : aussitôt que son père fut à sa portée, il le frappa en pleine poitrine (1).

Tayla rapporte qu'un marchand dormait dans la rue ayant à la main une canne à épée ; réveillé par un passant il se précipite sur lui et le blesse mortellement (2).

Mais l'observation la plus frappante est celle rapportée par Hoffbauer :

B. S... couché avec sa femme sous un hangar s'éveille en sursaut à minuit, en proie sans doute à un songe très pénible. Il aperçoit auprès de lui un fantôme effrayant. La crainte, l'obscurité de la nuit,

(1) Henke, *Zeitschrift*, 1851, 346.
(2) Knaggs, 54 et *Casper méd. lég*.

l'empêchent de distinguer les objets : d'une voix tremblante il s'écrie à deux reprises différentes : qui va là ? — Il ne reçoit pas de réponse et croit voir le fantôme s'avancer sur lui. Égaré par la terreur, il s'élance de son lit, saisit une hache qu'il portait habituellement à ses côtés et frappe avec cette arme le prétendu spectre. Tout cela se passa avec une telle rapidité, qu'un seul instant ne fut pas même laissé à la réflexion. — Un profond soupir et la chute du fantôme rappelèrent B. S... à lui-même : il avait mortellement blessé sa femme.

Un homme rêvant qu'il se battait avec un loup, tua d'un coup de couteau l'ami qui était à côté de lui (1).

Nous savons bien que, pour l'enfant jeune, cette cause n'est guère à craindre. Entouré de ses parents, placé à part dans un lit, impuissant par sa faiblesse naturelle à nuire sérieusement, le jeune enfant n'est guère redoutable. Mais il n'en est plus de même lorsqu'on a affaire à un garçon de douze à quinze ans. Celui-là alors est véritablement dangereux, celui-là peut commettre un meurtre.

Dans ce que nous venons de signaler, les hallucinations déterminées par le cauchemar ont cessé avec le réveil. Mais il peut arriver qu'elles continuent dans l'état de veille et qu'elles soient prises pour des réalités. Elles constituent alors un état plus dangereux dans lequel il y a un amalgame indéfinissable de rai-

---

(1) OEsterreich, *Lectschrift f. pract. Heilkunde*, I, 42.

son et de folie rendant l'appréciation de l'acte incri-
miné on ne peut plus difficile.

Le 1er janvier 1843, un jeune homme se présente
dans une auberge près de Lyon, demande à souper et
choisit un appartement pour la nuit. Sur les dix heures
du soir, l'aubergiste entend du bruit dans la chambre
de l'étranger ; il s'empresse d'y monter, mais à peine
est-il entré qu'il est frappé avec la lame d'une paire
de ciseaux de tailleur d'habits. Ce jeune homme, saisi
et désarmé, est interrogé sur le motif qui l'a poussé
au crime : il répond qu'il a *vu* l'aubergiste tuer deux
hommes, qu'il l'a *entendu* comploter de l'assassiner
et qu'alors il s'est décidé à vendre chèrement sa vie.
Transféré dans les prisons de Lyon, cet accusé, dans
tous les interrogatoires qu'il a subis, a fait preuve
d'un grand sens et d'une intelligence ordinaire. Il a
narré de nouveau tout ce qu'il a *vu*, *entendu* et *senti* :
son récit a toujours été celui d'un homme convaincu,
sans passion, qui se réjouit d'avoir échappé à un
grand danger.

Sur les rapports de MM. les docteurs Chapeau et
Tavernier, une ordonnance de non-lieu a été rendue.

En réfléchissant à ce procès, on ne peut s'empêcher
de songer à toutes les difficultés qui fussent infailli-
blement survenues si l'étranger avait tué l'aubergiste,
s'il avait eu par hasard quelque motif de haine contre lui, si un débat s'était seulement élevé entre eux,
ou bien si un projet de vol avait été soupçonné.

Nous arrivons maintenant à l'examen d'un état qui,
congénital ou acquis, peu importe ici, n'en a pas

moins les mêmes résultats sur les troubles profonds qu'il exerce sur les fonctions intellectuelles. N'ayant qu'à constater l'effet, nous n'avons pas à nous préoccuper de son origine.

Imbécillité. — L'imbécile, scientifiquement parlant, tient le milieu entre l'homme sain d'esprit et l'idiot. Il est le trait d'union entre l'être intelligent et la brute.

D'un caractère faible, craintif, les imbéciles n'obéissent guère qu'à la crainte que leur inspire toute autorité, et ne deviennent que trop souvent des instruments dont il est facile d'abuser. Leur entêtement et leur obstination habituelles, qui semblent en contradiction avec cette faiblesse, n'ont d'égal que l'inconstance de leurs desseins, la mobilité de leurs impressions et de leurs désirs. Ils changent d'idées avec une facilité extraordinaire, mais s'attachent avec opiniâtreté à celle qui prévaut dans un moment donné, si déraisonnable qu'elle puisse être. De là des instincts dangereux que l'imbécile n'a pas toujours la possibilité de réprimer et, d'autant plus dangereux qu'on s'y attend le moins. Plus ou moins privés de sentiments affectifs, ils ne savent pas proportionner les actes sur les causes qui les déterminent, et ils ne peuvent d'ailleurs en prévenir et calculer les conséquences.

Il n'est malheureusement pas rare de voir des enfants de cette espèce, se livrer aux plus violents emportements envers leurs parents, envers leur mère, et les menacer de coups. Souvent aussi le meurtre est la conséquence de leur aveugle fureur et de leur inconscience.

Calmeil a connu un imbécile de dix-sept ans et dont le frère, plus jeune de quelques années, est à demi idiot. Ces deux enfants se jettent indifféremment, lorsqu'on leur refuse le vin ou les liqueurs qui ne pourraient qu'exciter encore leur fureur, sur les animaux, les domestiques, leur père, leur mère, qu'ils frappent sans pitié jusqu'à ce qu'on les dompte par la force.

Nous avons connu une jeune fille de bonne famille, qui par suite de revers de fortune, avait été conduite à la Salpêtrière. C'est un type d'imbécile aimant la parure et les habits éclatants ; sans suite dans les idées, ne s'attachant à aucun ouvrage, se laissant aller aux conseils du dernier venu, cédant surtout aux influences mauvaises, mademoiselle C... est incapable de rester dans sa famille. Elle est sujette à des colères violentes, terribles, survenant pour une simple contrariété, une discussion insignifiante. Elle menace alors de mettre le feu, de frapper et, dans un de ces moments, elle a voulu étrangler son père et lui sauta à la gorge. Depuis qu'elle est enfermée elle manifeste les mêmes idées, le même caractère emporté et plus d'une fois on est obligé d'intervenir dans ses luttes avec les autres malades. Comme toutes ses congénères, elle s'adresse de préférence aux enfants plus jeunes qu'elle et aux vieillards. C'est une malade dangereuse et qu'il faut surveiller de très près.

Les imbéciles ont été, anciennement, et encore de nos jours exceptionnellement, rencontrés à l'état sauvage. Ils se réfugient dans les bois, ils vivent avec les animaux dont ils prennent les mœurs, les habitudes, les allures, ils se nourrissent d'herbe, et ne craignent pas d'attaquer des êtres animés pour en faire leur pâture.

Les exemples ne sont pas rares et un des plus curieux est certainement celui cité par Goulard-Simon.

« Plusieurs gentilshommes françois ont pu témoigner avoir vu un homme, lequel fut prins en la forêt de Compiègne et amené au feu roi Charles IX, lequel marchoit à quatre pieds, comme une pauvre bête et couroit plus vite qu'un cheval. Il ne pouvoit se tenir debout, avoit la peau fort dure, étoit velu presque partout, et, pour tout langage s'aidoit d'un épouvantable cri qu'il accompagnoit d'un refroignement de visage si hideux qu'il n'y a de bête sauvage plus mal plaisante à voir, que ce pauvre corps qui avoit vécu avec les loups et apprins d'eux à hurler. Au demeurant il étrangloit les chiens à belles dents, et s'il pouvoit attraper les hommes, il ne s'y feignoit non plus. Je n'ai pu savoir ce qu'il étoit devenu (1). »

Le même auteur cite encore l'histoire d'un enfant qui vécut parmi les loups, partageant avec eux leur nourriture.

Boerhaave, Gonnor, rapportent également des faits semblables, et de nos jours on n'a pas oublié le pauvre insensé dont l'histoire fit tant de bruit sous le nom du *Sauvage du Var*.

Après l'imbécile, à un degré plus bas de l'échelle

(1) Goulard-Simon, *Histoires admirables et mémorables,* etc., Paris, 1600, 2 vol. in-12.

de la déchéance des facultés de l'intelligence, se place l'idiot.

Idiotie. — Chez ce déshérité de la nature, le fonctionnement intellectuel est nul. L'instinct seul a conservé un certain empire sur ces êtres aussi dégradés au physique qu'au moral, et qui souvent n'ont d'homme que le nom, motivant cette réponse d'une personne du monde qui, à la vue de quelques idiots, s'écriait : « Il existe des bêtes humaines. »

Chez eux on note cette particularité d'organisation et de manifestation qu'à défaut de personnes ou de choses autour d'eux, ils épuisent sur eux-mêmes leur atroce férocité.

Doués au suprême degré du penchant de la destructivité, ils cherchent à le satisfaire sur les premiers êtres qui se présentent à eux. « Ils agissent, pour agir, sans colère, sans vengeance, sans acception de personnes, sans provocation, sans délibération, par nécessité de vie et d'organisation, tuant pour tuer, par absence complète d'intelligence et de toute réflexion, incapable d'avoir par elle-même le sentiment de son application et toujours disposé à répéter automatiquement et fatalement ses mouvements dangereux (1). »

Pinel, Georget, Esquirol, Calmeil, Marc, etc., ont traité ce sujet avec trop d'autorité pour qu'il nous soit permis d'y revenir, et il suffira de consulter leurs immortels travaux pour connaître aussi complètement

______

(1) F. Voisin, *Homme animal,* p. 251.

que possible les signes caractéristiques de cette déchéance et physique et morale. Plusieurs observations
compléteront les lignes ci-dessus.

Un idiot, dit Gall, ayant tué les enfants de son frère,
vint en riant raconter ce qu'il venait de faire.

Harder raconte qu'un idiot égorgea un homme
après avoir vu égorger un cochon.

Une jeune idiote, que nous avons connue à la Salpêtrière, à force d'avoir un doigt dans la bouche avait
fini par provoquer une ulcération. Elle ne cessait de
la gratter avec ses ongles, et, si l'on ne fût intervenu,
elle serait certainement arrivée à une perforation
complète de la joue, ainsi qu'Esquirol le vit chez
une enfant également idiote : celle-ci, après avoir
percé sa joue, finit par la déchirer jusqu'à la commis-
sure des lèvres.

Surdi-mutité. — A côté de l'idiotie et de l'imbécillité, se place naturellement la surdi-mutité. Quelle
qu'en soit son origine, qu'elle soit congéniale ou acquise, elle n'en constitue pas moins pour les malheureux qui en sont atteints une affection terrible
qui en quelque sorte les rejette du monde, les prive
des relations sociales, en fait des êtres à part, des
êtres « hors la loi ».

On conçoit sans peine l'influence que ces conditions si pénibles doivent exercer sur un enfant abandonné de presque tous, tourné en ridicule par ses
camarades, tourmenté par eux : aussi l'irascibilité,
la colère, sont-elles choses communes chez lui et le
conduisent-elles très souvent à une sorte d'efferves-

cence furieuse qui peut l'entraîner et qui l'entraîne à des actes condamnables.

Livrée à elle-même, la surdi-mutité constitue un état évident d'infériorité morale, et, par suite, d'irresponsabilité dans les actes délictueux. Mais, comme le fait si justement observer Tardieu, « l'éducabilité des sourds-muets est un fait constant et n'a pas de limites. Un grand nombre de ces malheureux peut donc acquérir et acquiert en réalité des notions qui le mettent en état d'exercer ses facultés, de communiquer avec ses semblables, et d'agir librement en toute connaissance et en toute sûreté de conscience. Le sourd-muet, qui a reçu les bienfaits de l'éducation et de l'instruction, ne diffère donc pas des autres hommes au double point de vue qui nous occupe. Et le médecin expert n'admettrait l'incapacité et l'irresponsabilité que pour ceux qui en seraient complètement privés et qui seraient restés, comme on en voit encore des exemples dans les campagnes écartées et, parmi les populations les plus pauvres, dans l'état originel où les a placés leur triste infirmité (1). »

Un ancien auteur, Alberti (2), dans un remarquable passage, qui, il est vrai, se ressent de l'époque où il a été tracé (1747), contient une appréciation bien juste et bien fidèle des causes qui, agissant sur le caractère du malheureux, privé de l'ouïe et de la parole, en font pour ainsi dire un être à part dans la société. Ce

(1) Tardieu, *Étude médico-légale sur la folie*, Paris, 1872.
(2) *Jurisprudent. médic.*, Gœrlitz, 1747, iv-654.

tableau est encore vrai de nos jours, et le sera toujours : On ne peut nier, et les exemples en sont fréquents que la surdi-mutité ne garantit pas des passions dont la vivacité conduit au délire et, parmi
celles-ci, la colère, la haine et la vengeance jouent le
principal rôle : « Il est constant, dit-il, que les infortunés auxquels des dons aussi importants que ceux
de l'ouïe et de la parole manquent, n'en sont que
plus occupés de leurs pensées, qui le plus souvent produisent en eux de l'agitation : d'où il résulte
qu'ils sont naturellement enclins à certaines affections morales, telles que la méfiance, la colère, la ran-
cune, le doute... etc., et qu'en conséquence ils se
livrent dans leurs déterminations secrètes à des extrê-
mes qu'ils savent préparer et exécuter avec résolution.

Le meurtre le plus atroce, l'incendie, sont parfois
le résultat de la colère, de la haine violente qui se
développe facilement en eux, mais qu'ils cherchent
souvent à dissimuler, bien que leurs gestes et leurs
traits trahissent le ressentiment qu'ils conservent,
jusqu'à ce qu'ils trouvent l'occasion de le satisfaire.

Mais, tout en cachant leur haine et leur soif de vengeance, leurs passions s'exaltent au point, que, lorsqu'ils arrivent à l'exécution, ils ressemblent à une
bête féroce, dont les actes de méchanceté augmentent encore la fureur et la cruauté. Aussi distingue-
t-on aisément aux gestes, aux grimaces, aux actions
de ces sourds-muets, le désordre qui s'est opéré dans
leur raison, bien que parfois ils semblent être revenus dans un état de calme que caractérise même quel-

que manifestation dans leur conduite, ridicule ou en-
fantine. On peut conclure de là qu'il existe chez ces
malheureux une faiblesse, un trouble remarquable de
l'intelligence, faiblesse et trouble qui augmentent
en raison même des insultes, du mépris, des mauvaises plaisanteries, des châtiments, des chagrins et
des contrariétés auxquels ils sont exposés.

La surdi-mutité est donc une cause étiologique
qui doit être recherchée, non pas tant pour sa valeur
« personnelle », si l'on peut s'exprimer ainsi, que
parce que le plus souvent, elle met sur la voie d'une
étiologie plus importante, plus grave, dont il faut
tenir un compte sérieux, l'hérédité.

En dehors des causes tenant à l'individu il peut s'en
présenter d'autres qui sont tout à fait accidentelles
et dont le rôle cependant n'est pas moindre. Parmi
ces causes dont le nombre est considérable, nous ne
citerons que les principales, les intoxications et les
traumatismes.

INTOXICATIONS. — 1° *Alcoolisme.* Avant d'aborder
l'étude des empoisonnements proprement dits, nous
devons d'abord parler d'une intoxication qui, par sa
nature même, nous servira de trait d'union entre le
chapitre précédent et celui-ci.

Par sa nature franchement pathologique, tant psychique que physique, l'*alcoolisme* tient le premier
rang parmi les poisons dont l'action est sans conteste
le plus grave, le plus terrible et malheureusement le
plus ordinairement incurable, qui frappe souvent le
jeune âge.

Le nombre des alcooliques qui engendrent au sein de l'ivresse ou pour mieux dire qui engendrent sous l'influence d'un état particulier dû à leurs excès, est considérable. Nés dans ces tristes conditions, élevés au milieu des funestes exemples, sous l'influence de ces prédispositions destructives dont héritent les enfants issus de parents aliénés, ces enfants se livrent de bonne heure et pour ainsi dire d'une manière irrésistible à tous les vices qui amènent la dégradation de l'homme. Ceux-là deviennent les victimes précoces des différentes lésions du système nerveux et sont fatalement soumis à la loi de la succession des phénomènes pathologiques qui se commandent et s'engendrent successivement.

Dans d'autres circonstances, bien plus nombreuses qu'on ne pourrait le supposer, ils rentrent dans la classe de ceux que poursuit la vindicte des lois et ils augmentent la population des prisons et des bagnes.

L'enfant a, on le sait, un goût marqué pour les liqueurs fortes. Loin de mettre un frein à cet instinct, certains êtres avilis, sans conscience, sans pudeur, se font au contraire un jeu de le pousser à boire, de le griser, et cet enfant devient, par son ivresse, la risée et le jouet des misérables qui n'ont pas craint d'abuser de sa faiblesse et de son inexpérience.

Ces jeunes êtres, dégradés à peine venus au monde, prédisposés, d'une part, par l'hérédité, d'autre part, par la faible résistance de leurs organes qui n'ont pas encore atteint leur entier développement, deviennent rapidement les victimes de leurs funestes excès. In-

somnie, hallucinations terrifiantes, tremblements...
etc., décèlent leur délire, confirmé bientôt par d'autres symptômes non moins positifs. La figure est violemment injectée, les yeux sont brillants, la voix
est altérée, la parole devient brève, impétueuse, les
mouvements saccadés, les impulsions subites et redoutables.

Parfois, point n'est besoin d'un pareil cortège de
circonstances, de milieux, pour voir les malheureux
succomber à leur maladie. Il arrive que chez certains
d'entre eux, entourés des meilleurs exemples, vivant
dans les conditions les plus favorables au développement des plus nobles facultés, l'alcoolisme se développe de bonne heure, malgré tous les moyens mis en
œuvre pour lutter contre cette épouvantable maladie.

Rien n'y fait : la tache héréditaire est là, et cette
fatale loi, réclamant ses droits, rien n'y peut soustraire l'enfant à peine né.

E..., enfermé dans une maison spéciale pour y recevoir les soins que nécessite un violent accès de manie aiguë, déterminé par l'excès de boissons alcooliques, avait été l'objet de tous les soins qui peuvent
entourer l'unique héritier d'une belle fortune. Mais
tous les soins avaient échoué contre la nature la plus
perverse et le caractère le plus indomptable que l'on
puisse se figurer.

Des instincts cruels se révèlent chez cet enfant à
une époque de la vie où le jeu est l'unique préoccupation, le seul besoin de l'existence. E... n'avait
d'autre plaisir que de torturer les animaux et il appor-

tait dans ces actes de cruauté un raffinement dont il est difficile de se faire une idée. Il leur arrachait leurs petits, leur faisait subir une sorte de jugement et les poignardait sous les yeux de leur mère. Et il n'avait pas plus de cinq ou six ans ! En grandissant ces instincts de cruauté ne firent que s'accroître, et il est heureux qu'un isolement, fait en temps opportun, ait prévenu les catastrophes qui seraient nécessairement arrivées, si cet être dégradé avait joui de l'entière liberté de ses actes.

Le père était alcoolique, violent, emporté.

Morel a connu un enfant, né aussi d'un père excentrique et alcoolique, qui, dès l'âge le plus tendre, avait montré des instincts cruels. A trois ans, il était devenu la terreur des petits enfants de la localité et leur faisait subir des tortures incroyables. Plus tard, cet enfant devint alcoolique comme son père, se livra aux plus honteux excès, et finalement fut enfermé dans une maison de santé (1).

Ces exemples suffiront pour montrer toute l'importance que l'on doit attacher à l'influence de l'alcoolisme.

2° SOLANÉES VIREUSES. — En dehors de l'alcoolisme, l'empoisonnement peut être dû à l'ingestion de solanées vireuses. Mais les individus soumis à l'action de ces substances n'éprouvent pas tous les mêmes phénomènes; bien que plus ou moins aptes à délirer, selon leurs dispositions morales préexistantes, selon

(1) Morel, *Traité des dégénérescences*, p. 118.

le degré d'impressionnabilité de leur système nerveux, il faut surtout tenir compte et de l'âge et du
sexe ; mais les tendances à des actes nuisibles, mal-
faisants, tels que le suicide et l'homicide, sont les
conséquences pour ainsi dire inévitables de l'intoxication portée à un haut degré. L'enfant est plus profondément frappé et n'échappe pas à l'action que les
agents toxiques introduits dans le sang exercent sur
la production d'un délire passager. Chose facile à
comprendre si l'on veut bien se rappeler combien ce
symptôme se montre facilement à la suite de la moindre fièvre, de la plus légère indisposition.

Dans un article intitulé : « Un mot sur les hallucinations de la première enfance, à propos d'un empoisonnement par le Datura Stramonium (1), » le
D' Thore cite un exemple très intéressant d'hallucination chez un enfant de quatorze mois. Ce petit être
qui avait avalé des semences de Datura était en proie
à un état singulier. Il paraissait être à la poursuite
d'objets imaginaires placés à une certaine distance
et qu'il cherchait à éloigner, allongeant à chaque
instant les bras et en faisant le mouvement de saisir
un corps avec les mains. Après de vives secousses
l'enfant tomba dans un état de stupeur pendant lequel les hallucinations ne parurent pas cesser. « Ce
fait a cela de remarquable, dit Thore, que parmi un
grand nombre d'observations d'empoisonnement chez
les enfants, on n'a pas noté de ces cas d'ingestions de

(1) *Annales médico-psychologiques*, 1849, I, 72.

substances toxiques et d'hallucination à un âge aussi tendre. »

On sait l'influence désastreuse que l'emploi abusif des solanées vireuses, d'une manière générale, produit sur les facultés mentales, conduisant rapidement de l'extase à la tristesse, du calme à la fureur la plus violente. On sait le degré d'exaltation qui s'empare des malheureux soumis à leur influence; on sait que de tout temps les ministres des religions les plus anciennes, les prophètes, les chefs de parti,... etc., usaient de breuvages préparés à l'aide de ces plantes pour tenir dans une domination absolue les malheureux dont ils faisaient les instruments aveugles de leurs passions et de leurs vengeances.

En hommes instruits, connaissant bien la nature humaine, ils avaient soin de ne prendre que des enfants ou des jeunes gens à peine sortis de l'enfance pour leur donner leurs philtres.

De nos jours, il n'est pas encore rare de trouver sur le globe une peuplade si primitive, si abandonnée qui n'ait recours à quelque narcotique au moyen duquel les individus arrivent à l'exaltation du système nerveux, à cette sorte de béatitude, de bien-être, de bonheur si recherchés, qui véritablement vous ravissent dans un autre monde. Ces agents cependant, il faut bien le dire, tendent à disparaître, au moins dans les pays où pénètrent les lumières et les bienfaits de la civilisation.

Actuellement, ce n'est pas tout à fait accidentellement qu'il nous arrive d'observer les effets de ces substances sur l'économie. Parfois des enfants livrés à eux-mêmes à un âge où l'expérience, la faculté de comparer, de juger, fait défaut, trouvent sur leur route un arbuste portant des fruits dont la brillante couleur les attire ; puis, comme tous les jeunes êtres, curieux par nature, ils les touchent, les cueillent, les portent à leur bouche. Mais ce larcin ne leur profite pas. Bientôt ils sont en proie aux plus vives douleurs : un délire souvent furieux s'empare de leurs facultés; ils présentent en un mot tous les symptômes de l'empoisonnement.

Il est peu de praticiens de campagne qui n'aient eu l'occasion d'observer des accidents de cette nature.

Les hallucinations le plus souvent de nature terrifiante poussent les enfants à des actes dangereux pour eux et pour ceux qui les entourent, actes d'autant plus terribles que vu le jeune âge du malade on ne se méfie pas assez.

Parfois les vapeurs émanant de solanées vireuses en coction peuvent déterminer des troubles graves.

Une dame étant attaquée de douleurs habituelles, on lui conseilla, pour les apaiser de remplir trois petits sacs de deux poignées de jusquiame, de fleurs de sureau et d'autres plantes et de se les appliquer sur le ventre et les deux jambes, parties où les douleurs étaient fixées. On posait ces sachets fort chauds, et, dès que la chaleur était un peu diminuée, on les trempait dans une décoction bouillante faite avec les mêmes herbes, pour les appliquer de nouveau. La malade délirait un peu de temps en temps, en dormant. Mais les deux servantes, âgées de 15 à 18 ans et qui étaient chargées de réchauffer les sachets et de les appliquer, furent bien plus incommodées. Ces filles n'étaient plus d'accord ; la paix qu'on les obligeait à garder entre elles par menaces, ne durait pas longtemps; car, toutes les fois qu'elles renouvelaient les fomentations de la même manière, le combat recommençait entre elles, après qu'elles s'étaient attaquées mutuellement par des menaces et des paroles ridicules.

Chez un apothicaire de Dresde, un tout jeune apprenti avait mis de la graine de Jusquiame pilée et renfermée dans un papier sur un fourneau de sable chaud. Le papier ayant pris feu, par la trop grande chaleur, et la graine de Jusquiame s'étant aussi allumée, remplit le laboratoire de fumée. Bientôt, la fumée augmentant, elle donna lieu à des gestes ridicules, à des idées singulières chez deux individus qui étaient dans le laboratoire, et enfin, il ne tarda pas à s'élever entre le premier garçon et l'apprenti une querelle accompagnée de paroles outrageantes et même une rixe telle que le premier garçon, qui n'était point sujet à la colère, ayant jeté l'apprenti par terre, le traîna par les cheveux, le meurtrit de coups, et, l'eût assommé si on ne l'eût arraché de ses mains.

Plusieurs années après, la guérison n'était pas complète (1).

Les empoisonnements, on le voit, constituent une

____

(1) *Diction. des scienc. médic.*, XXVI.

étiologie rare, mais il suffit que leur action se soit fait sentir, pour que nous soyons en droit de les signaler à l'attention de nos lecteurs.

TRAUMATISMES. — Les traumatismes violents, coups sur la tête, par exemple, déterminent par propagation une lésion profonde des organes contenus dans la cavité crânienne et sont souvent la source de désordres graves dans les facultés affectives. Dans un remarquable travail (1), notre savant confrère le Dr Azam a réuni un assez grand nombre de faits de troubles intellectuels par suite de traumatismes du cerveau. Mais, comme il le fait si justement observer, il est difficile de trouver dans la science des observations où la mention, *trouble intellectuel*, soit assez développée pour qu'on puisse comprendre quelle est celle des facultés de l'esprit qui a été particulièrement atteinte et aussi quelle est la partie du cerveau qui a été lésée.

Ce n'est cependant qu'avec ces deux notions qu'il sera possible de tirer des faits des conclusions sérieuses, conclusions qui donneront un appui considérable à la doctrine de la localisation des facultés intellectuelles et à la thérapeutique des maladies mentales. Quoi qu'il en soit, nous pouvons citer plusieurs faits observés par des médecins spéciaux, dont le nom fait autorité en médecine mentale.

Delasiauve a soigné une petite fille de 6 ans pour une méningite très grave, survenue à la suite d'une

-----

(1) Azam. *Les troubles intellectuels provoqués par les traumatismes du cerveau*, 1881.

chute. Avant cette affection elle était d'une grande vivacité intellectuelle. Depuis, son caractère s'assombrit, elle devint violente, emportée, sujette à des appétits bizarres et à des fantaisies hystériques.

Mon père a eu, à Bicêtre, dans son service, un clerc de notaire qui, à l'âge de 14 ans, reçut un coup sur la tête. A partir de ce moment il lui prit des frénésies telles qu'en jouant avec ses sœurs, il leur serrait convulsivement les bras à les faire crier et appeler à leur secours. Il mourut à l'hospice, du progrès d'un vaste cancer de la dure-mère du côté gauche, au niveau de l'endroit où avait eu lieu la contusion.

Un jeune homme de 18 ans, aujourd'hui, a eu la tête violemment contusionnée dans son enfance. Il est pris de manie homicide avec attaques d'épilepsie. On le trépane, on excite le fragment du pariétal droit qui comprime le cerveau. Il guérit de ses attaques, mais il était devenu menteur et singulièrement dangereux (1).

ONANISME. — Parmi les causes qui malheureusement ne se rencontrent que trop dans le jeune âge, il faut citer l'onanisme. Si l'on songe à l'excitation permanente et aux pensées qui remplissent la vie de l'onaniste, on comprend facilement l'influence terrible que ce triste défaut exerce sur le système nerveux et sur l'intelligence ; aussi l'épilepsie, l'hystérie, l'hypochondrie, la chorée, les convulsions, les aberrations de l'ouïe et de la vue, l'imbécillité, en un mot la

____

(1) Etcheveria, *De la trépanation dans l'épilepsie par traumatisme du crâne. — Archives de médecine,* 1876.

dégradation physique et morale la plus complète, deviennent la plupart du temps son triste héritage : par l'épuisement nerveux et la dépression morale qu'il occasionne, ce vice conduit justement les enfants à une irritabilité sombre, à des penchants haineux et sinistres.

Notons aussi que les effets de cette funeste passion sont plus graves chez l'homme que chez la femme. Chez l'un, il y a outre l'ébranlement nerveux, épuisement spermatique, chez l'autre, le système nerveux seul est en jeu.

H. C... se livre à l'onanisme depuis plusieurs années. Cette passion a agi sur son économie de manière à produire un double effet sur le système nerveux : d'une part, augmentation de la sensibilité, susceptibilité beaucoup plus grande, d'autre part, faiblesse et mobilité excessive. Il en résulte une de ces névroses dans lesquelles les moindres impulsions senties plus vivement, deviennent une cause de grand ébranlement dans l'économie, et y provoquent des réactions qui bien que purement nerveuses, n'en sont pas moins excessivement pénibles par leur intensité. H. C... est pris quelquefois d'accès de violence terrible et il comprend et dit que sa tête s'en va (1).

Rien de plus saisissant que cette observation d'Esquirol :

Il s'agit d'une petite fille de huit ans, qui, avec un

____

(1) Moreau de Tours : *Service de Bicêtre.*

sang-froid infernal, avoue la pensée qu'elle a de tuer sa grand'mère, sa mère et son père.

Depuis l'âge de quatre ans, cette enfant se livrait à l'onanisme avec des petits garçons de dix à douze ans. Si on ne la surveille pas continuellement, elle se livre seule aux mêmes pratiques. Les soins de sa mère, l'instruction religieuse, les conseils d'un médecin, n'ont pu triompher de cette funeste habitude. Sa mère tomba malade de chagrin, et la malheureuse petite fille exprime le regret que sa mère ne soit pas morte. Si sa mère eût succombé, elle aurait hérité de ses hardes, les aurait fait ajuster à sa taille et, lorsqu'elles auraient été usées, elle serait allé en chercher auprès des hommes. Si elle n'a point tué sa mère pendant que celle-ci était malade, c'est qu'il y avait une garde qui l'empêchait. « Mais, lui dit sa mère, si je mourais aujourd'hui, je reviendrais demain ; Notre-Seigneur est ressuscité. »

— Je sais bien, répliqua l'enfant, que lorsqu'on est mort, on ne revient pas, Notre-Seigneur est revenu parce qu'il était le bon Dieu. Ma petite sœur et mon petit frère ne sont pas revenus.

— Mais, comment me ferais-tu mourir ?

— Si j'étais dans un bois, je me cacherais, je vous ferais tomber par la robe, et vous enfoncerais un poignard dans le sein.

— Sais-tu ce que c'est qu'un poignard ?

— Un monsieur a laissé un livre dans lequel il y a qu'une femme enfonçait un poignard dans le cœur d'un homme. (Le livre avait été réellement égaré dans la maison.)

— Mais, si tu me tuais? ce que j'ai appartiendrait à ton père?

— Je le sais bien, mon père me ferait mettre en prison, mais je veux le faire mourir aussi.

Cette petite fille a souvent répété depuis qu'elle n'aimait ni son père ni sa mère, ni sa grand'mère qui l'avait élevée. Quelques mois plus tard à l'occasion du meurtre d'un enfant, la petite fille dit à sa mère que, si elle tuait sa mère avec un couteau, elle aurait du sang à ses vêtements et qu'on le verrait, mais qu'elle aurait soin de se déshabiller pour commettre cette action. Huit jours après, elle dit qu'elle avait pensé que pour qu'il n'y eût pas de sang sur ses vêtements, elle emploierait, pour tuer sa mère, le même poison qu'on répand sur les blés, dans les campagnes.

Un voisin voulant éprouver cette malheureuse petite fille, mit de la semouille dans du vin, en disant que c'était de l'arsenic, et en offrit à l'enfant qui se mit à crier : « Je veux bien en donner à maman, mais je ne veux pas en prendre. » Elle serra fortement les dents et les lèvres, lorsqu'on essaya de lui en faire avaler.

Placée dans un couvent, rien ne put la corriger de ses habitudes onanistiques et resta toujours triste, taciturne, ne parlant jamais de sa vie antérieure (1).

(1) Esquirol, *ouvr. cit.*, p. 385.

Nous tenons de Delasiauve, un autre fait tout aussi identique. L'enfant avait à peu près le même âge. Comme la précédente, ses habitudes onanistiques provenaient de relations obscènes avec des enfants de l'autre sexe. Elle manifestait envers ses parents une aversion très marquée, sinon des intentions hostiles, maudissant ouvertement le frein qu'on apportait à ses dérèglements.

Maladies générales. — Ainsi que nous avons déjà eu occasion de l'observer et de le dire dans d'autres travaux, d'accord en cela avec tous les auteurs qui se sont occupés de l'étude des maladies mentales, les maladies générales ont parfois un retentissement considérable sur les facultés intellectuelles.

Fièvres éruptives, fièvre typhoïde, méningites, maladies de la peau..., etc., ont été maintes fois la seule cause à laquelle on ait pu rattacher les désordres psychiques plus ou moins graves qui nécessitaient un traitement spécial.

Parmi les nombreux exemples que nous pourrions citer, nous n'en connaissons pas de plus concluant et de plus franc que les suivants :

Une enfant de onze ans, après la répercussion d'une maladie du cuir chevelu, éprouva des accidents chroniques et bientôt après donna le spectacle d'une véritable fureur maniaque. Elle essaya de tuer sa mère et faillit noyer une de ses sœurs en la précipitant dans un marais fangeux. « Il est difficile de se faire une idée de la tendance destructive de ce petit être à moitié rachitique et qui puisait dans son exaltation nerveuse une force incroyable. Cette jeune fille guérit néanmoins. Une fièvre périodique en rapport avec des phénomènes de croissance subite, amena des résultats plus heureux que les moyens que nous avions employés précédemment (1). »

Le nommé M..., âgé de vingt ans, entre à Bicêtre dans le service de mon père sur la plainte des voisins témoins de ses actes de fureur et d'une tentative de suicide.

Le malade est bien conformé. A sept mois, il fut pris de convulsions très fortes qui durèrent deux jours et à la suite desquelles il fit une maladie de six semaines. Après cela, il revint à la santé et fut regardé par tout le monde, comme un enfant « exceptionnel pour sa précocité intellectuelle ».

Jusqu'à quatre ans, il fut sujet à quelques petites affections du jeune âge et une hernie inguinale très douloureuse tourmenta ses premières années.

Jusqu'à douze ans, il fut très gai et d'une exaltation très grande dans ses jeux : il était du reste bon envers ses camarades, son père et sa mère. A cet âge, une fièvre typhoïde se déclara, et à sa suite, étant un jour dans les rues de Londres, il se mit inopinément à traiter son père d'insurgé et de voleur. Une discussion qu'il eut à ce moment avec son père le mit tellement en fureur qu'il se précipita sur lui un couteau à la main. Quelque temps après sa

(1) Morel, *Mal. ment.*, 101.

fièvre typhoïde, alors qu'il commençait à reprendre ses forces, il se mit à cracher sur tout ce qui l'environnait, croyant ainsi faire fuir les revenants qu'il voyait autour de lui.

Jusqu'à quatorze ans, il continua à voir des revenants et à les repousser de la manière précitée. En même temps, il était sujet à des colères terribles dans lesquelles il cassait et brisait tout. A ce moment, les voisins de la famille de M... exigèrent qu'elle se séparât de son enfant, ne voulant plus rester auprès d'un fou, et il fut placé au Work-House, d'où, après neuf mois de séjour, il s'échappa.

Au sortir de cette maison, les mêmes scènes se renouvelèrent et commencèrent, au dire de madame M... à éveiller en lui des sentiments de haine envers ses parents. Bientôt le jeune homme prit une grande aversion contre son père. Il ne témoigna pas encore de haine pour sa mère.

Jusqu'à dix-neuf ans, il resta à Londres. Depuis quelque temps, il donnait de grands coups de pied dans le vide. C'est à cet âge qu'il arriva à Paris, n'ayant appris qu'à lire et à écrire. A cette époque, sa haine pour sa mère commence à se révéler. Mots grossiers, coups, violences, il ne lui épargne rien. Un jour, il enferme sa pauvre mère dans sa chambre, la force, comme cela lui arrivait souvent, de lui tenir la cuvette pour qu'il pût se laver les mains, la rudoya, et la battit tellement que la pauvre femme ne put retenir ses cris. Les voisins accoururent, on fit céder la porte, on saisit le jeune homme qui, parvenant à se débarrasser de ces étreintes, courut se précipiter sous les roues d'une voiture qui passait dans la rue. Son père l'arrêta à temps, mais les témoins de cette scène firent leur déposition au commissaire de police, qui le fit conduire à Bicêtre.

Aux phénomènes dont la fièvre typhoïde a été la cause occasionnelle, il faut ajouter l'hérédité fâcheuse qui pesait sur le jeune M.. : outre ses antécédents personnels (convulsions dans l'enfance), sa mère était névropathe. Le père était sain d'esprit, mais sa mère était sujette à des colères terribles dans lesquelles elle perdait toute raison, et son père était, lui aussi, très irascible. Un petit cousin paternel du jeune homme s'est noyé, en 1848, dans la crainte de se voir dépouiller de tous ses biens par la Révolution qui venait d'éclater. Un autre cousin est mort fou à Charenton.

L'ébranlement profond que la fièvre typhoïde produit dans l'économie, joint à une prédisposition héréditaire si fâcheuse, a suffi pour déterminer chez M... un délire souvent furieux. Peut-on affirmer que l'accès n'eût pas éclaté à un autre moment, sous une autre influence? Cela est probable, mais il n'en est pas moins vrai que la fièvre typhoïde a été ici la cause déterminante et c'est à ce titre que nous avons cité cette curieuse observation.

Un état général mauvais, maladif, peut également amener un dérangement dans l'exercice des fonctions intellectuelles.

Un enfant de seize ans et demi, tue une vieille parente pour lui voler son argent.

C'était un garçon intelligent, travailleur et ayant une aptitude spéciale pour les mathématiques. Ses maîtres et ses camarades disent de lui que son caractère était peu sociable. Il jouait peu, était susceptible et emporté. Il paraissait avoir au plus douze à treize ans, blond, chétif, malingre. Sa faiblesse physique, son état d'anémie, étaient pour beaucoup dans l'irritabilité nerveuse qu'on lui reprochait. « Ce n'est ni un fou ni un épileptique, dit le professeur Lasègue, mais dans cet être, tels instincts, telles facultés ont grandi, quand tels et tels autres sont restés endormis. Il y a défaut d'équilibre : l'intelligence très développée pour l'instruction proprement dite, reste très inférieure au point de vue moral. »

La recherche la plus minutieuse faite sur l'hérédité a été complètement nulle.

Sur les conclusions de l'expertise médicale, cet enfant a été condamné à vingt ans de travaux forcés (1).

Rachitisme. — Les déformations osseuses qui se montrent dans la première enfance à la suite de différentes affections, produisant des compressions anormales des différentes parties du cerveau, amènent également comme conséquence immédiate des désordres dans les facultés intellectuelles. Les enfants ainsi affectés semblent avoir été dotés par la nature

(1) Juin 1879.

de facultés brillantes, concurremment à des penchants indomptables et dangereux (1).

Les bouffons de nos rois en sont un exemple frappant : c'étaient pour la plupart des monstres à figure humaine, grotesquement hideux sous les riches vêtements dont on les affublait, qui, par leurs mots piquants et hardis, savaient, tout en étant le jouet de leurs maîtres, égayer et plus d'une fois confondre leurs interlocuteurs. Mais souvent leur esprit malicieux ne se bornait pas à des paroles et chez plusieurs on eut à réprimer les penchants violents et destructifs. C'est sous ce jour que l'histoire nous fait connaître le fou de Louis XI, qui était d'un caractère méchant et emporté, Brusquet, successivement fou de Henri II, François II, Charles IX et Philippe II d'Espagne...., et tant d'autres dont nous donnerons la vie dans un travail ultérieur.

Mais, sans prendre nos exemples à une époque déjà loin de nous, il n'y a qu'à parcourir dans les asiles les services d'enfants et chacun vous dira le caractère sournois, méchant, emporté, violent de ces pauvres petits êtres rabougris, malingres, souffreteux.

(1) Levacher, *Traité du rachitisme*, 1772. — Glisson, *De Rachitide* (Dict. de médecine, 1843). — Cabanis, *Rapport du physique et du moral*, etc.

ANATOMIE PATHOLOGIQUE

Dans un chapitre précédent, on a pu voir que l'influence des prédispositions originelles relativement aux fonctions cérébrales est telle qu'il peut en résulter une similitude complète pour toute une série d'actes intellectuels.

Partant des faits nombreux qui établissent cette conformité héréditaire d'organisation, s'écarterait-on des voies d'une induction rigoureuse en admettant que chez un individu qui compte dans sa famille un ou plusieurs aliénés, il existe, selon toute probabilité, une structure cérébrale particulière, alors même qu'aucune anomalie des fonctions ne l'aurait encore révélée? Si l'on voit cet individu différer des autres hommes sous le rapport des mœurs, des habitudes, du caractère, ne sera-t-on pas porté à rattacher à des irrégularités de structure originelle, les bizarreries et les écarts de ses facultés morales?

L'observation à laquelle il faut toujours revenir, car quoiqu'on fasse elle est la pierre angulaire de toute théorie, de toute hypothèse, nous convaincra que l'on se tromperait rarement en agissant ainsi.

Dès les siècles les plus reculés, l'attention de

l'homme avait déjà été appelée sur ce point et de tout temps on a cherché l'explication des excès, des tendances sanguinaires dans un vice de conformation de l'organe cérébral, dans la prédominance de telle partie du cerveau au profit de telle autre. C'est, hâtons-nous de le dire, chose ridicule et plaisante à la fois que de vouloir rattacher à certaine conformation du crâne, tel ou tel ordre de facultés instinctives, intellectuelles ou morales.

Relativement au sens du meurtre, les crimes sont aussi fréquents chez les individus à tête sans renflement bitemporal (c'est là en effet que la crâniologie avait placé le siège du meurtre), que chez les individus qui le présentent au plus haut degré de développement. Cependant, il faut bien reconnaître que tout n'est pas absolument faux dans cette doctrine : on ne saurait douter qu'un certain développement du crâne ne soit nécessaire à l'exercice régulier des facultés intellectuelles, et, *a fortiori*, à la manifestation de qualités morales les plus élevées.

Laissant de côté les nombreuses exceptions que l'on rencontre, on peut jusqu'à un certain point se ranger à l'avis de Réveillé-Parise et dire avec lui : « La sphère du cerveau peut déterminer la sphère de l'intelligence. Un front bas et comprimé est un signe de mauvais augure pour l'esprit : « *monstrum in fronte, monstrum in animo* ».

Le système qui prétendait reconnaître à la forme extérieure du crâne les qualités et les vices d'un individu a joui longtemps d'une grande célébrité, mais, devant les progrès de la science, devant la démonstration et l'explication pour ainsi dire mathématique des faits, la crâniologie ne pouvait durer. Malgré l'abandon juste et mérité où cette science est tombée, nous ne pouvons cependant nous dispenser d'en dire quelques mots, car, en réalité, elle est l'origine incontestable des belles découvertes modernes de localisation cérébrale.

Un des fervents adeptes de la doctrine de Gall, le Dr Lauvergne, qui fut professeur à l'École de médecine navale, médecin en chef des forçats de Toulon, avait mis à profit sa situation exceptionnelle et, étudiant le forçat d'après nature, dans sa hideuse nudité morale et physique, a cherché à établir les différences qui existent entre les divers types de meurtriers (1).

Il trouve chez ces hommes à passions prédominantes et indomptables, de véritables génies du mal, des sujets précieux pour l'étude de la phrénologie.

Partant de ce principe que la crâniologie n'a d'autre but que la quasi-démonstration des penchants et des instincts d'un homme, il reconnaissait que, si souvent, les renseignements fournis par cette étude ont été nuls ou contraires aux idées théoriques, il n'en a pas moins souvent réussi à vérifier ses prévisions et il a cru devoir accorder une haute importance aux éléments de psychologie. D'après le résultat de ses observations, les hommes chez les-

____

(1) Lauvergne, *Les forçats considérés sous le rapport physiologique, moral et intellectuel, observés au bagne de Toulon*, 1841.

quels le penchant au meurtre a paru une puissance
innée, une puissance d'instinct, sont reconnaissables
à des têtes typiques du genre, à une tendance ani-
male, à une expression physiognomonique particulière.

Pour Gall, la propension à détruire se manifeste à
la région temporale, au-dessus de l'oreille, par une
protubérance allongée presque horizontalement.
Deux dégénérescences anormales de la destructibi-
lité sont le besoin du meurtre et le penchant au
suicide : « Malheureusement pour Gall, la bosse du
meurtre (autant que les autres, du reste.) manque
fréquemment, et vient une fois de plus démontrer
l'incertitude des pronostics tirés des observations
phrénologiques attribuées au développement d'un
organe ou d'une partie d'un organe seulement. »
D'ailleurs, Lauvergne, phrénologiste consciencieux,
se complet à dire que « le cerveau est un atelier
dans lequel est logée l'âme, cet ouvrier de nous-
même : l'ouvrier sera grand, médiocre ou petit dans
ses œuvres, selon les images dont il s'inspire, selon
les vérités dont il s'entretient, selon les bons ou mauvais conseils qu'il a adoptés. Un palais peut être
couvert de misérables tentures, un cerveau normal
peut loger un ouvrier idiot ou perverti. Ce n'est
donc pas la forme de la tête qui fait un homme moral, elle peut tout au plus faire pressentir les tendances et les instincts ».

Dans différents travaux, Lélut, qui a réfuté avec
une autorité incontestable le système de Gall, s'est

surtout appesanti sur la fausseté de l'organe carnassier, et il a mis autant de soin, employé autant de
faits pour le renverser, que Gall, Spurzheim et tous
les phrénologistes en avaient mis à l'établir.

« Pour Gall, dit-il, l'instinct carnassier est celui
qui porte certains animaux à se nourrir de chair
qui a vie, et l'homme à tuer son semblable, quelquefois même à le manger. Or, dans les travaux auxquels je renvoie (1), j'ai montré, d'une part, que les
animaux qui ne vivent pas de chair, ont la partie
du cerveau où Gall a placé l'organe de cet instinct,
plus développé que ne l'ont les animaux qui tuent
leur proie et la mangent ou bien la tuent sans la
manger. J'y ai démontré, d'autre part, que l'homme
qui tue son semblable, non pas dans un moment
de passion, mais par une violence réfléchie et dans
le but de le dépouiller, n'a point la partie du cerveau, qui répond au prétendu organe du meurtre,
plus saillante que ne l'a le commun des hommes.
Cette double proposition est justement le contraire
de ce qu'a avancé Gall sur ce sujet. »

Après une voix aussi autorisée, la question de la
crâniologie peut être considérée comme jugée et il
est temps de quitter toutes ces élucubrations d'un

____

(1) Examen comparatif de la longueur du crâne chez les voleurs
homicides. — *Journal univers. et hebdom. de médecine*, janvier,
1831. — De l'organe phrénologique de la destruction chez les animaux ou examen de cette question : les animaux carnassiers ou
féroces ont-ils à l'endroit des tempes, le cerveau et par suite le
crâne plus large proportionnellement à sa longueur, que ne l'ont
tous les animaux d'une nature opposée. Paris, 1838.

autre siècle pour examiner plus en détail et avec plus de soins les données que nous fournit actuellement la science bien plus précise, bien plus exacte des localisations cérébrales.

Lorsque, dans les cerveaux humains, on recherche les différences anatomiques correspondant à des instincts spéciaux ou à des facultés particulières, on y trouve presque toujours des défectuosités morphologiques qui ont été signalées par différents auteurs, et surtout par le professeur Benedickt, de Vienne.

Les cerveaux, que notre savant confrère a envoyés en 1878 à l'Exposition des sciences anthropologiques, prouvent l'exactitude de ses observations (1). Ces cerveaux, à vrai dire, ne présentaient pas d'anomalie dans le sens anatomique du mot, leurs circonvolutions, leurs plis secondaires sont au complet et ont leurs connexions ordinaires, mais la différence, l'anomalie, si l'on veut, consiste dans le développement relatif des diverses parties de certaines circonvolutions et de leurs plis de communications qui sont plus irréguliers que sur la plupart des cerveaux normaux. Tel pli de communication qui est habituellement assez volumineux pour être superficiel, est atrophié et reste profond. Tel autre, au contraire, pourra être plus volumineux et plus superficiel que de coutume, mais le deuxième cas est moins commun que le premier. Il en résulte certains sillons, certaines scissures, qui sont ordinairement séparés par des plis superfi-

(1) Voir pour plus de détails le *Bulletin de la Société d'anthropologie*, 1878-1879, auquel nous empruntons ces renseignements.

ciels, se continuent ou plutôt semblent se continuer
entre eux par suite de l'atrophie partielle de ces plis
et de leur position profonde. Ce sont ces communications plus ou moins insolites d'anfractuosités ordinairement distinctes, qui ont été désignées par M. Benedickt sous le nom de *communications anormales* (et on
se gardera bien ici de confondre la communication
des anfractuosités avec celle des circonvolutions qui
est pour ainsi dire l'inverse).

Ces communications normales des anfractuosités,
qu'il vaudrait mieux nommer *insolites* d'après certains auteurs, se rencontrent soit à droite soit à gauche en un ou plusieurs points, sur la plupart des cerveaux ; c'est pour cela qu'aucun cerveau n'est absolument symétrique, ni absolument typique dans
toutes ses parties. Une ou plusieurs de ces communications insolites n'empêchent pas un cerveau d'être
à la fois intelligent et très bien équilibré. Mais
lorsqu'elles sont nombreuses, lorsqu'elles affectent
des parties importantes, elles sont l'indice d'un développement défectueux. C'est ce qu'on voit souvent
sur des cerveaux peu volumineux de pauvres d'esprit
ou d'imbéciles, et c'est aussi ce que l'on voit très fréquemment sur les cerveaux des assassins avec cette
différence que, dans le premier cas, le moindre développement des plis de passage ou d'anastomose est
en rapport avec le peu de développement des circonvolutions en général et avec la faiblesse cérébrale,
tandis que dans le second cas, il coïncide, au contraire,
avec l'ampleur de la plupart des circonvolutions et té-

moigne de l'irrégularité du développement du cerveau.

C'est ainsi que M. Benedickt a pu constater et que chacun a pu le constater avec lui sur les pièces de sa collection, que les communications insolites des anfractuosités sont incomparablement plus fréquentes et plus nombreuses sur un même cerveau, chez les assassins que chez les individus ordinaires.

Sur quelques cerveaux particulièrement intéressants, les hémisphères étaient pourvus d'un double et même d'un triple système de sillons pariétaux. On y pouvait lire surtout l'histoire du développement des sillons rayonnants : on voyait, par exemple, qu'un sillon sagittal, arrêté dans son évolution, émet des deux côtés des sillons rayonnants. Ceux-ci peuvent perdre ultérieurement toute connexion avec le sillon sagittal et affecter une indépendance qui en imposerait complétement sur leur origine. Une autre circonstance intéressante est l'existence d'une grande scissure qui sépare la partie temporale et occipitale de la face externe du cerveau, des lobes sagittaux moyen et postérieur. Elle résulte du développement anormal de la scissure fusiforme et de la scissure occipitale inférieure de Wernicke, qui se réunissent et se fusionnent en une seule. Sur un cerveau dont le crâne présentait un très grand raccourcissement de la voûte pariétale, on constatait une très notable réduction des lobes pariétal et central postérieur.

Tout récemment Broca vint confirmer l'exactitude des observations du professeur de Vienne sur le cerveau de l'assassin Prévost.

Enlevant avec des pinces la pie-mère au niveau de
la scissure occipitale externe, il a pu constater, ainsi
qu'on peut le voir sur le moule en plâtre déposé à
la Société d'anthropologie, que le pli de passage de
Gratiolet (premier pli occipito-pariétal) est profond
à droite comme à gauche, que par conséquent la
scissure occipitale interne se continue directement
avec la scissure externe et que ce lobe occipital
se détache du lobe pariétal sous la forme de ce que
Gratiolet a appelé chez les singes, *la calotte.*

Quelques mois plus tard, l'examen d'un autre
meurtrier, Menesclou, démontra également que la
scissure de Rolando était très flexueuse et la scissure
occipitale externe très développée à droite par suite
du retrait en profondeur du premier pli de passage
occipito-pariétal (1).

Il est encore un fait des plus intéressants à noter,
c'est la plus grande capacité cérébrale qui en
moyenne est supérieure à la moyenne ordinaire. Ce
fait a été mis en lumière par un des membres les
plus compétents de la Société d'anthropologie,
M. Bordier.

Analysant avec beaucoup de sagacité l'histoire des
cas où un crime est commis par deux individus,
M. Bordier a établi une distinction entre ce premier
criminel qui conçoit le projet du crime, et le complice qui l'aide dans l'exécution : celui-ci est beaucoup moins intelligent que celui-là. M. Bordier

(1) Voir au *Bull. de la Société d'anthropologie,* 1880, p. 238-578,
le compte rendu *in extenso* de ces deux autopsies.

ayant eu, pendant l'Exposition des sciences anthropologiques, l'occasion de mesurer les crânes d'assassins qui avaient opéré à deux et qui avaient été décapités ensemble, a cherché et retrouvé dans la *Gazette des tribunaux*, l'histoire de leurs crimes et a pu constater ainsi que la capacité crânienne du premier criminel est généralement supérieure à la moyenne, et que celle du deuxième, du complice, est généralement inférieure et souvent très inférieure à la moyenne.

Les criminels isolés sont aussi quelquefois des espèces de brutes au crâne bas et étroit, mais dans la plus grande majorité des cas, ce sont des individus intelligents, souvent même très intelligents quoique mal équilibrés. Certes, il est hors de doute, et chaque jour confirme la justesse de cette opinion, qu'une tête forte coïncide presque toujours avec des facultés très développées parfois même exceptionnelles. Aussi, nous le répétons, dans une certaine mesure et sauf quelques restrictions, peut-on dire avec Réveillé-Parise : « La sphère du cerveau peut déterminer la sphère de l'intelligence : un front bas et comprimé est un signe de mauvais augure pour l'esprit, *monstrum in fronte. monstrum in animo.* »

Cependant il faut reconnaître et proclamer bien haut que les formes du crâne, ses proportions restreintes ou développées ne sauraient donner l'explication logique de la différence et de l'inégalité des esprits.

Sommes-nous autorisés à voir dans ces dispositions

de l'organisme l'origine, la cause médiate des phénomènes moraux particuliers qui régissent l'être humain? — Pouvons-nous tirer des conclusions positives des anomalies observées? — Faire de la présence d'une circonvolution supplémentaire, de la profondeur ou de l'absence d'une anfractuosité, le signe pathognomonique d'un penchant qui tient l'homme sous sa dépendance absolue?

Nous ne le pensons pas : le nombre des cas observés est encore trop restreint pour produire une telle affirmation, si grave de conséquences. Des recherches comparatives plus nombreuses pourraient seules élucider la question, et dans l'état de la science l'abstention d'un prononcé affirmatif non seulement est permise, mais nous dirons plus : elle est un devoir.

Nous conformant strictement à ces idées, nous nous sommes contentés de signaler les opinions courantes sans nous prononcer pour l'une ou pour l'autre.

SYMPTOMATOLOGIE

Existe-t-il une symptomatologie spéciale au sujet qui nous occupe ? Peut-on, d'après certaines allures, d'après certaines manières d'être d'un individu, prévoir le penchant qui l'entraîne vers le meurtre ? De prime abord on éprouve quelque difficulté pour répondre à ces différentes questions et, dans l'état actuel de la science il y aurait une grande témérité à vouloir les résoudre.

Il paraît presqu'impossible de grouper une série de symptômes tels qu'on puisse, nous ne dirons pas affirmer, mais simplement soupçonner que dans un moment donné un individu sera entraîné à violenter, à frapper, à tuer.

Les enfants se livrent parfois à des actes de fureur si violents, qu'on est tenté de les considérer comme atteints d'une véritable folie particlle dont le début est le plus ordinairement brusque, instantané, impulsif.

On sait combien ce genre de délire est difficile à caractériser même pour l'homme qui fait de l'aliénation une étude spéciale, journalière, et *a fortiori* le sera-t-il pour ceux qui, étrangers aux maladies du système nerveux, ne reconnaissent pour fous que les personnes dont les facultés intellectuelles et morales sont perverties ou abolies, qui jugent mal de leurs rapports extérieurs, de leur position, de leur état, qui se livrent sans cesse aux actes les plus désordonnés et les plus bizarres, les plus violents, sans motifs, sans combinaison, sans prévoyance.... etc.

Mais, dira-t-on, le désir de tuer constitue-t-il bien un délire partiel ? Ne fait-il pas partie d'une série de troubles se rattachant à une autre vésanie ? N'en est-il pas un symptôme, un effet... ?

Le doute n'est plus permis de nos jours : et, si dans certains cas le meurtre, l'acte de tuer sans motif une créature vivante, est une conséquence logique, on pourrait dire nécessaire d'un état mental morbide, l'homicide peut parfois à lui seul constituer toute la vésanie.

Dans un mémoire (1) auquel on ne saurait trop se reporter lorsqu'il s'agit de l'homicide, Esquirol a nettement tranché la question.

« Cette monomanie, caractérisée par une impulsion plus ou moins violente au meurtre, présente deux formes bien distinctes. Dans quelques cas le meurtre est provoqué par une conviction intime mais délirante, par l'exaltation de l'imagination égarée ; par un raisonnement faux ou par les passions en délire. Le monomaniaque est mû par un motif avoué et déraisonnable : toujours il offre des signes suffisants du

<hr>

(1) Esquirol, *De la monomanie homicide.*

délire partiel de l'intelligence ou des affections. Quelquefois sa conscience l'avertit de l'horreur de l'acte qu'il va commettre, la volonté lésée est vaincue par la violence de l'entraînement : l'homme est privé de la liberté morale ; il est en proie à un délire partiel, il est monomaniaque, il est fou. Dans d'autres cas, le monomaniaque homicide ne présente pas une altération appréciable de l'intelligence ou des autres affections. Il est entraîné par un instinct aveugle, *par quelque chose d'indéfinissable*, qui le porte à tuer. Tous les auteurs rapportent l'exemple de meurtres commis par des monomaniaques : poussés par une impulsion réfléchie et motivée, ces malades sont soigneux quelquefois de prendre des précautions pour assurer leurs coups et même pour en dérober les preuves, tandis que souvent ils se réjouissent du meurtre qu'ils viennent de commettre, ils s'en accusent aux magistrats et restent impassibles auprès de la victime. »

L'existence réelle de cette forme de vésanie étant mise hors de doute, revenons à notre question principale et cherchons s'il n'y a pas quelque indice qui permette de faire supposer qu'à un moment donné la folie n'a pas joué un grand rôle, si elle n'a pas été le motif déterminant de l'acte meurtrier.

Ainsi que chacun a pu s'en assurer par une observation journalière, presque toujours l'enfant annonce, dès les premières années de sa vie, ce qu'il sera un jour.

Examinez un enfant destiné un jour ou l'autre à

être frappé d'aliénation, et ici nous employons ce mot dans son sens le plus large, il se présentera à vous, par exemple, avec une impétuosité fougueuse dans ses jeux et ses plaisirs, qu'il quittera brusquement pour aller rêver à l'écart, dévoré en quelque sorte d'une langueur secrète. Puis vous assisterez au passage soudain de l'accablement le plus grand à une exaltation prodigieuse, et dans ces moments, capable de tout, il donne tout au sentiment et ne cède rien à la violence.

Dès qu'il entre en fureur, l'économie entière partage l'état violent où il se trouve. Ici les symptômes sont nettement accentués, et on peut leur attribuer les caractères suivants dont Brachet dans son travail intitulé : *Recherches expérimentales sur les fonctions du système nerveux ganglionnaire*, a fait une bonne description.

« Les fonctions intellectuelles sont bouleversées, la sensibilité a été exaspérée, les idées sont concentrées sur un seul point, et la moindre impression sur les organes des sens devient cause d'une exaltation plus grande. Les muscles se contractent avec force et semblent dans un état convulsif: ils ont doublé d'énergie. La parole est plus rapide, les expressions n'arrivent pas aussi vite que les idées et elles font paraître balbutier. Les lèvres sont tremblantes, les organes intérieurs destinés aux fonctions assimilatrices prennent part aussi à cet état d'exagération. Le cœur précipite ses contractions, accélère la circulation et envoie plus de sang aux organes ; la face se colore et s'anime ; les

yeux s'injectent, deviennent brillants ; le cerveau
s'engorge et souvent un épanchement apoplectique
vient terminer cette scène terrible et dégoûtante.
Plus de sang se présente aux organes sécréteurs et
sollicite de plus abondantes sécrétions. La salive
coule, la peau se couvre de sueur, la bile afflue dans
l'estomac : la circulation accélérée envoie plus de
sang aux poumons, le besoin de respirer devient
plus grand pour une plus rapide hématose, et la respiration est plus courte et plus fréquente. Le vomis-
sement a lieu tantôt par stimulation directe, tantôt et
souvent par indigestion, l'action de l'estomac étant
suspendue par le trouble général. »

A côté de ces symptômes d'ordre psychique, entraînant à leur suite des troubles des organes de la
vie de relation, il faut signaler certains signes physiques qui, à une certaine époque, ont joué un rôle important.

Depuis longtemps on avait remarqué que certains
visages, certains ensembles de traits, correspondaient
à tel ou tel caractère, mais à cette remarque banale
s'était bornée l'assimilation, lorsque Lavater, frappé,
lui aussi, de la justesse de cette observation vulgaire,
rechercha et recueillit soigneusement les faits, les sou-
mit à un contrôle sérieux, et chercha à établir les
rapports des traits du visage avec le caractère et les
sentiments de l'âme. Il fut ainsi le créateur d'une
science nouvelle, la *Physiognomonie*, à laquelle son
nom est resté attaché.

Lavater avait été conduit par son système à décla-

rer que rien ne pouvait modifier ni dissimuler la nature morale. « La dissimulation, dit-il, peut cacher
les dispositions morales, mais elle ne change point la
forme... Il y a des physionomies d'enfants qui montrent ce qu'ils seront ou ce qu'ils ne seront pas. Du
reste, si la forme de la tête est belle, saillante, bien
proportionnée, d'une structure solide, bien dessinée
et pas trop facilement colorée, ce qui a lieu fort rarement, elle ne peut guère supposer un homme ordinaire. Mais si cette forme est irrégulière, oblique
ou tendue, si les contours sont trop lâches ou
trop durs, on ne peut s'attendre qu'à de grandes
choses. »

Passant à l'application de ses principes, Lavater
décrit de la sorte la physionomie spéciale aux empoisonneurs et aux homicides :

« Les empoisonneurs ont les yeux à fleur de tête,
secs et les deux globes inégaux. Les prunelles semblent agitées involontairement, ils sont de couleur
sombre. Les petites veines qui aboutissent au blanc
sont gonflées et paraissent des taches de sang. Si les
prunelles sont noires, le blanc de l'œil est pâle et li-
vide..... Chez les homicides, les sourcils sont épais et
se joignant au milieu du front ; leurs yeux sont à fleur
de tête, secs, les globes inégaux, les prunelles tremblantes et renversées vers le haut, le blanc est terne
et pâle (1). »

Gall, qui lui recherchait dans les différentes formes

______

(1) Lavater, *La physiognomonie ou l'art de reconnaître les hommes*,
trad. Bacharach. Paris, 1841, p. 173-176.

du crâne les anomalies qui, par leur constance chez
certains individus, permettaient d'en tirer des induc-
tions sur leur manière d'être, leur influence sur la
direction de leurs actes, avait voulu voir dans le système dentaire une manifestation de certains penchants : les dents, d'après lui, servent l'instinct de
conservation aussi bien que les jambes pour fuir un
danger, les dents qui vont chercher et choisir dans
un corps nutritif l'élément de la réparation de l'être,
sont liées à la nature de son instinct. L'instinct chez
tous les hommes préexiste à l'intelligence, il suffit
même à un grand nombre de peuplades pour parcourir à l'aide de ses seules volitions le cercle de
leur durée. Or ces peuplades étant celles qui répon-
dent à ses idées sur les dents, il les prend pour
types. « D'abord, cette partie de la charpente osseuse
est admirable chez eux de blancheur et de dureté.
Ensuite on peut presque les diviser en deux grandes
séries : 1° en celles qui vivent de chair, qui mangent
leurs ennemis, qui font la guerre pour satisfaire à
l'innéité de leurs deux penchants, le vol et la cruauté ;
2° en celles qui vivent de produits de la terre, de racines féculentes et dont l'instinct paisible ne conçoit
une migration dans un lieu aride, que lorsqu'il cesse
de substancier leur faim. Ces deux espèces sauvages
ont les têtes caractéristiques de la nature de leur
instinct : mais pourquoi se borner au fait qui nous
occupe? Disons que l'instinct carnassier se dessine
dans leur bouche par des canines, véritables crocs,
tandis que celle des paisibles frugivores étale sur les

bords des maxillaires élargis de blanches et grosses dents à trituration. La mâchoire supérieure du sauvage carnassier s'harmonise parfaitement avec celle de son crâne : le petit os inter-maxillaire s'y retrouve en rudiment ou du moins y marque sa place : en un mot, avec les deux indications présentées, un anatomiste ingénieux pourrait reconstruire, comme le faisait Cuvier pour un animal antédiluvien, l'ensemble squelettologique du sauvage. »

Mais, outre ces signes physiques, il en est d'autres tirés de la nature psychique et qui, aux yeux d'un observateur éclairé, n'ont pas moins une importance capitale.

L'enfant destiné à devenir un jour maniaque raisonnant, par exemple, a une allure spéciale. Ses faits ne sont pas ceux d'un enfant de son âge normalement conformé. Il se fait remarquer par une grande vivacité, son caractère indocile, étourdi, mobile, indiscipliné : Est-il à l'école, on le voit toujours le dernier de sa classe, ne songeant qu'à jouer et à s'amuser : lui en fait-on un reproche, il vous répond, comme nous l'avons entendu dire : « Puisqu'il faut un dernier, autant que ce soit moi. » Y a-t-il un mauvais exemple à donner ou à recevoir, il offre toutes les conditions requises pour obtenir dans ce genre un succès complet. « Ces enfants, dit Campagne, donnent peu de satisfaction à leurs parents, qui remarquent en eux un mauvais naturel. Également insensibles aux encouragements et aux plus fortes punitions, ne sentant pas ce que leur conduite a de pénible pour leurs familles, ils restent indisciplinés, insouciants et frondeurs. La paresse, l'onanisme ou la débauche, les surexcitations nerveuses de toutes sortes sont les grandes étapes que parcourent ces êtres dégénérés pour arriver à l'exaltation mentale particulière à la manie raisonnante. Sous l'influence de cette exaltation, sa méchanceté acquiert une grande énergie et le porte irrésistiblement à l'action. Sa poltronnerie dans ces moments-là est remplacée par une témérité dont rien n'approche, et au moindre reproche il crie, il hurle, brise tout ce qui se trouve sous sa main, frappe, blesse les personnes qui l'entourent. En résumé, l'enfant destiné à devenir un jour aliéné vient au monde avec des dispositions natives, qui en se développant l'amènent irrésistiblement, fatalement, à faire des excès de tout genre. Ceux-ci entretiennent le système nerveux dans un état d'éréthisme permanent, qui à son tour agit sur les passions, augmente leur vivacité. L'évolution psychique s'opère d'une manière vicieuse, l'exaltation surgit et le délire se manifeste par tous les moyens et surtout par une *tendance à la violence* (1). »

Par ce qui précède, on peut voir que nous n'avons pas donné de symptômes propres, de symptômes pathognomoniques, permettant de faire prévoir à *coup sûr* les actes violents auxquels peut se livrer l'enfant. Certes l'hérédité, la prédominance de l'élément nerveux, tics, convulsions, le caractère som-

____

(1) Campagne, *De la manie raisonnante.*

bre, sournois ou emporté, violent, à début brusque,
instantané, la semi-conscience des actes, sont à peu
près les seuls points saillants de leur état. Ces caractères, dont l'importance ne peut être mise en doute
un instant, ne constituent cependant pas un ensemble
tel qu'ils permettent d'assigner des symptômes tout
à fait spéciaux à la tendance homicide. Ah ! s'il s'a-
gissait de la monomanie du meurtre chez l'homme
fait, la question serait tout autre. Ici cette monomanie constitue bien réellement une entité à part
avec ses caractères propres. Mais il ne faut pas perdre
de vue que nous parlons de l'enfant. Or chez lui la
nature morale aussi bien que la nature physique est
fruste : les organes à peine ébauchés, sans cesse en
évolution. reflètent sur les phénomènes de l'intelligence cet état d'ébauche. Aussi n'est-il pas étonnant, lorsqu'on veut décrire une maladie intellectuelle
du jeune âge, de se trouver arrêté par l'indécision,
le vague de tous les symptômes, et, imitant la nature,
devons-nous comme elle ne donner que des indications vagues, nous contentant seulement d'indiquer
les grandes lignes, de tracer à grands traits un simple contour. Ici surtout l'expérience est le meilleur
juge et peut seule conduire à la découverte de la vérité, à la démonstration évidente, palpable de l'aberration psychique, résultat que la théorie est ici impuissante à donner.

PRONOSTIC

———

Le pronostic en général a toujours été considéré comme une des parties les plus difficiles de la science médicale et en même temps une des plus importantes. Les difficultés qu'on reconnaît dans la pathologie ordinaire acquièrent des proportions considérables dès qu'il s'agit d'affections mentales.

Tant d'éléments entrent ici en jeu, tant de questions incidentes se posent au médecin, tant de connaissances spéciales sont nécessaires, enfin tant de formes différentes, tant d'anomalies étranges s'offrent sans cesse à l'examen, qu'il n'est pas étonnant que la pathologie mentale, véritable Protée à transformations multiples, ait si longtemps rebuté le médecin dans l'examen de cette délicate question.

Malgré ces difficultés cependant, la recherche du pronostic en aliénation mentale est possible et donne d'importants résultats, mais il ne faut pas dissimuler qu'il est la partie la plus difficile et la plus délicate.

La première question à élucider et sans l'examen de laquelle tout pronostic serait entaché d'erreur, est la connaissance absolue des antécédents du malade.

L'hérédité joue ici un rôle que l'on ne saurait méconnaître. Les enfants de ceux qui se trouvent dans ces conditions de santé physique et morale dont nous avons parlé dans les pages précédentes, c'est-à-dire chez les uns une sensibilité nerveuse extrême, une grande impressionnabilité, un caractère irascible, violent, bizarre à l'excès, chez les autres une singulière mobilité dans les idées comme dans les affections, ou bien une ténacité de conception que rien ne peut distraire, chez tous, quelque chose d'insolite, d'étrange au point de vue moral qui les distingue des autres enfants, attire sur eux l'attention souvent peu indulgente, ironique ou haineuse de ceux avec lesquels ils sont en rapport habituel. Ces enfants, lorsqu'ils ne succombent pas à des affections cérébrales, convulsives ou autres, deviennent rapidement idiots, imbéciles, maniaques..., etc.

Ces faits sont d'observation journalière, et pour le psychologue, pour le médecin aliéniste, nul doute sur la morbidité du crime, nul doute qu'il n'ait été la première manifestation d'un délire qui tôt ou tard, prenant un libre essor, entraînera inévitablement la déchéance morale la plus complète de l'individu.

En dehors des héréditaires, le meurtre peut être commis par des gens en proie à des conceptions délirantes, d'illusions personnelles, d'hallucinations de l'ouïe et surtout de perversion des facultés affectives ou encore par des *impulsifs*.

S'il est prouvé que souvent ces malades choisissent leur victime dans leur famille, parmi les personnes qu'ils ont le plus aimées avant de perdre la raison, il l'est également que souvent aussi ils ne choisissent pas. Ils tuent le premier qui se présente à leurs yeux, sans aucune animosité personnelle, sans le connaître aucunement : ils tuent inconsciemment, ils tuent pour tuer.

Chez ceux-là le pronostic est subordonné à la nature du délire, à la cause qui l'a engendré, à sa curabilité. Les tendances existent ou se produisent avec la plus grande facilité dans la plupart des affections mentales, et il y a peu d'aliénés qui n'aient traversé une des périodes de leur existence de malade pendant laquelle ils n'ont été nullement dangereux.

« Il y a lieu, dit Esquirol (1), de faire rentrer dans l'élément du pronostic l'état particulier que l'on remarque chez les individus dominés par l'impulsion au meurtre : Observés avec soin, on constate que cet état, comme le délire chez les fous, est précédé et accompagné de céphalalgie, de maux d'estomac, de douleurs abdominales, que ces symptômes précèdent l'impulsion au meurtre et qu'ils s'exaspèrent lorsque cette funeste impulsion devient plus énergique. La présence des objets choisis pour victimes, la vue des instruments propres à accomplir leur horrible désir, réveillent et augmentent l'impulsion qui pousse ces malheureux à l'homicide. Presque tous, pour ne pas dire tous, n'ont de motif quelconque pour vouloir la mort de leurs victimes, préférant ordinai-

(1) Esquirol, *Mém.* cité.

rement les objets de leurs plus chères affections. »

Ici la folie existe et n'est mise en doute par personne.

Mais que dira le médecin légiste lorsqu'il ne trouvera dans les antécédents du criminel aucun signe capable de permettre d'accuser l'hérédité, même de la soupçonner? Comment jugera-t-il ces précoces assassins agissant, au moins en apparence, avec toute l'intégrité de leur jeune raison? Quel pronostic pourra-t-il poser? — Quel est l'avenir qui leur est réservé? — Ici, il faut l'avouer, la question est des plus embarrassantes et des plus difficiles à résoudre. Selon nous, on devra les considérer comme des intelligences précoces, nées pour la perversité et pour le crime, qui malgré les conseils et les exemples les plus édifiants ne subissent pas moins la pente fatale de leur destinée. Ils représentent dans toute l'acception du mot le type de l'Innéité.

Pour ceux-là, le pronostic est fatal. Nés pervers, ils mourront pervers, sans cesse en conflit avec la société qui, un jour ou l'autre, fatiguée de leurs forfaits, les rayera de la liste des vivants si une maladie, qu'on pourrait véritablement appeler providentielle, ne vient mettre un terme à une carrière si déplorable.

Sans vouloir nous appesantir sur ces faits, qu'il suffit de signaler, on voit que le pronostic de la folie homicide est toujours grave à tous les points de vue, quelle que soit la forme que cette maladie revête : est-elle le résultat de motifs plus ou moins chimériques, plus ou moins contraires à la raison, ou l'homicide a-t-il lieu par suite d'impulsion aveugle, instantanée, irréfléchie, plus forte que la volonté ? Cette aliénation est le plus souvent incurable et on ne doit pas se laisser influencer par certaines apparences de raison, quelles que soient leur importance et leur durée.

Il n'est pas rare de voir des gens ayant commis un meurtre dans un moment d'excitation revenir à la raison, rester dix, quinze ans dans un asile, parfaitement sains d'esprit, et qui, rendus à la liberté sur la demande formelle de leurs proches, revoyant les lieux témoins de leur crime, ayant présent à l'esprit le souvenir de la scène terrible, sont repris de l'idée homicide qui *semblait* avoir si complètement disparu, et commettent à nouveau un crime accompagné des mêmes circonstances que le premier.

Certes le pronostic est délicat en pareil cas : car bien que les apparences de la complète guérison soient pour le malade, on ne peut cependant pas, se basant sur de trop nombreux et trop tristes exemples, affirmer de la manière la plus absolue que la maladie est à tout jamais éteinte ? On doit toujours avoir présent à l'esprit une rechute qui sera d'autant plus terrible que l'intermittence aura été de plus longue durée.

Le pronostic est fatal.

Qui a tué tuera.

DIAGNOSTIC

Les actes dangereux commis par ceux que nous considérons comme ne jouissant pas de l'intégrité de leurs fonctions intellectuelles peuvent être envisagés comme étant en rapport intime non seulement avec telle manifestation de vésanie plutôt qu'avec telle autre, mais encore une des phases déterminées de la même affection.

A l'état d'entité morbide, la monomanie homicide, à quelqu'âge qu'on l'observe, a ses périodes d'incubation, de développement, de rémission, de déclin, de terminaison. A chacune de ces phases correspondent des idées délirantes et des actes de même nature, dont le caractère est significatif. Mais comme dans toutes les maladies à évolution lente et qui se signalent par des crises périodiques, par des intermittences et par des rémissions parfois très longues, il est sage et prudent de suspendre son jugement. « Il ne faut, dit Morel, interpréter ces faits, véritablement pathologiques, dans le sens de la folie et les rattacher à cette affection que lorsqu'une observation consciencieuse et prolongée nous a permis d'affirmer leur véritable nature, de faire ressortir leur caractère maladif; cette réserve est d'autant plus nécessaire qu'une foule d'actes, suicides, homicides et autres, sont le produit de la passion et que le véritable caractère de ces actes ne peut toujours être immédiatement apprécié. »

Nous avons vu qu'un acte délirant peut se compliquer d'homicide, acte qui est le plus ordinairement l'indice d'un trouble intellectuel profond. Les exemples ne sont pas rares et les annales judiciaires contiennent de nombreux faits prouvant que l'homicide n'était que le symptôme d'une maladie ayant troublé les facultés intellectuelles et ayant déterminé la perpétration de l'acte qui les amène devant les assises.

Dans d'autres circonstances, sous l'empire de déductions logiques, étant donné bien entendu le point de départ faussé par des conceptions délirantes encore inconnues et de lui et de ceux qui l'entourent, l'individu fatigué de la vie, ne pouvant supporter les tortures dont il est perpétuellement martyr, cherche à prendre un parti extrême pour réaliser son dessein et délibère entre le meurtre de soi-même et celui des autres. Après de nombreuses tergiversations, il n'a accompli ni l'un ni l'autre de ces actes. Il a pris une détermination imprévue qui est souvent l'indice manifeste d'une maladie mentale des plus complexes et des plus graves. Il faut être sur ses gardes et se méfier, malgré les apparences trompeuses qui peuvent entraîner le médecin à porter un diagnostic rassurant. Dans ces conditions, le pronostic et le diagnostic sont une question grosse de conséquences au point de vue médico-légal : La déposition de l'expert pouvant entraîner la condamnation ou l'absolution.

D'autres fois, le meurtre a été commis instantané-ment, d'une façon impulsive, sans que rien pût faire prévoir au malheureux ainsi qu'aux assistants l'excès criminel auquel il allait se livrer. Certes il y a lieu dans ces cas de soupçonner une aberration mentale, passagère, si l'on veut, mais effective et réelle. Comme dans ces cas, plus encore peut-être que dans les pré-cédents, on conçoit l'importance qu'il y a à établir nettement que l'homicide commis l'a été sous l'in-fluence d'une aberration psychique.

Le but du diagnostic ici n'est donc pas de déter-miner le fait en lui-même, mais la connaissance de la cause qui l'a fait commettre et de déterminer ainsi son existence purement et franchement mor-bide.

Suivant les modes de manifestation du délire, ainsi que nous l'avons vu dans les pages précédentes, le délire peut être franc, c'est-à-dire le résultat d'une affection nettement caractérisée, d'un système com-plet de vengeance basé sur des idées fixes, être instan-tané, impulsif, ou être la conséquence d'un délire partiel. Dans le premier cas, il n'y a pas lieu de s'y arrêter : l'acte est la conséquence logique de la ma-ladie, il en constitue un des symptômes. En cela il n'y a de doute pour personne.

En est-il de même dans les cas suivants?

Le meurtrier paraît raisonner juste sur une foule de choses, soutient convenablement la conversation et parvient à tromper sur son véritable état intellectuel les personnes étrangères à l'art médical. Dans ces cas, l'obnubilation des facultés n'est pas tellement absolue que le malade ne puisse étayer son système délirant par des raisons logiques en apparence, et le plus souvent il vous trompe sur l'existence réelle de son délire, par le silence qu'il sait s'imposer et par les motifs qu'il donne. C'est à grand'peine, à force de patience et de précaution, que le médecin arrive à faire vibrer la corde défectueuse, et à mettre en pleine lumière le délire partiel, limité, qui a fait d'un malheureux doué en apparence de la plus parfaite intégrité de ses facultés intellectuelles un meurtrier, un assassin.

Le diagnostic à faire est donc double :

1° Constater l'existence du délire ;

2° En reconnaître la nature.

La solution du premier point repose tout entière sur les diverses perturbations observées dans les actes, les idées, les appréciations du malade, comparativement à ce qu'il était autrefois.

Le deuxième point rentre dans la connaissance des formes si nombreuses et si variées des maladies mentales, et il n'y a pas lieu ici d'y insister ; mais on peut affirmer qu'il est impossible, au moins dans l'état actuel de la science, de donner des règles spéciales permettant de diagnostiquer la nature essentiellement dangereuse de la maladie.

On peut, se basant sur des faits observés antérieurement, concevoir des doutes sur tel malade d'a-

près l'allure générale, d'après la forme de son délire,
et on peut craindre une explosion de manie conduisant aux actes les plus terribles ; mais là se borneront
les prévisions que l'on est en droit de poser, aucun
signe pathognomonique ne permettant d'affirmer.

TRAITEMENT

Dans l'impossibilité où se trouvait l'antiquité de donner une explication satisfaisante des maladies de l'esprit, tous les phénomènes qui en découlaient étaient rapportés à l'intervention d'une cause divine placée, soit hors de l'individu, soit dans l'individu lui-même ; mais, frappés des caractères si nombreux qui différenciaient les manifestations morbides, les anciens, pour en expliquer autant que possible la cause, admettaient la présence, l'obsession de bons et de mauvais esprits, qui, s'emparant de l'individu, en faisaient leur chose, et agissaient à leur guise sous cette enveloppe d'emprunt.

Les uns, remarquables par leur regard assuré, par leurs passions expansives, un besoin incessant de parler, de communiquer leurs pensées, qui se disent envoyés du ciel, en communication avec la divinité, sont des amis des dieux, des inspirés. Ceux-là reçoivent les hommages et les respects de la foule. On s'adresse à eux pour connaître l'avenir, le souffle divin qui les anime doit leur inspirer la connaissance des choses futures. Les troubles nerveux qu'ils présentent, l'extase, la catalepsie, l'hystérie, l'épilepsie, les hallucinations, les convulsions, etc., sont les signes auxquels on reconnaît les représentants des dieux sur la terre.

Les autres, le corps pâle et amaigri, les yeux fixés ou baissés vers la terre, le regard abattu, exprimant l'effroi, la cruauté et le remords, en proie à des accès de fureur violente, sont considérés comme les objets du courroux de la divinité.

Lorsqu'on assiste à ces affections névropathiques si bizarres dans leur origine, leurs manifestations, leur transmission comme l'éclair, sans contact, à distance, à la seule vue, quelquefois même sans la vue du malade, à des hommes sains ou *semblant l'être*, on conçoit aisément la croyance à une origine surnaturelle. Dans cet état des opinions, la nature des remèdes devait tenir de cette cause, c'est-à-dire, en général, être mystique et spirituelle. Aussi chez les Indous, chez les Égyptiens, chez les Juifs, chez les Chrétiens, prêtre, peuple, médecin, n'en connaissaient guère qu'un seul, sous différents noms, l'*Exorcisme*.

Victimes de la colère des dieux, les aliénés s'adressaient aux ministres des autels pour obtenir un soulagement à leurs maux. Une multitude de cérémonies préparatoires, telles que les purifications, les ablutions, les onctions, les jeûnes, etc., auxquelles les malades étaient soumis, avant de pénétrer dans le sanctuaire, étaient éminemment propres à agir sur l'esprit de plusieurs de ces malades; aussi est-il certain que, sous le rapport de la thérapeutique mentale, la médecine des temples a dû, dans certains cas, être couronnée de succès.

Mais, lorsque ce mode de traitement échouait, lorsque le malade avait été assez audacieux pour résister à cette médication toute divine, on songeait alors à des moyens plus rationnels, et l'on avait recours à la saignée, aux bains, aux purgatifs, parmi lesquels l'Ellébore a joué un grand rôle.

Puis, quand ces moyens ne réussissaient pas davantage, on s'en tenait à la réclusion compliquée d'adjuvants barbares, car les chaînes, les coups, les privations de tout genre venaient s'ajouter à l'internement.

Jusqu'à Pinel les aliénés furent misérablement abandonnés aux soins de gardiens grossiers et ignorants, relégués dans les quartiers éloignés des hôpitaux, le plus souvent des prisons, où les médecins n'étaient appelés à les visiter que lorsqu'ils étaient malades, et encore. Pour les aliénés tranquilles, ils erraient dans la ville et dans les campagnes, comme cela a lieu encore aujourd'hui en Orient.

Nommé médecin de Bicêtre en 1792, Pinel fit tomber les chaînes dont étaient chargés les aliénés et de lui date une ère nouvelle pour l'aliénation, de lui date le commencement de l'application d'une saine thérapeutique aux maladies de l'esprit.

L'illustre médecin philanthrope démontra qu'il ne fallait pas désespérer de la guérison, lorsque les moyens employés n'avaient pas réussi et combien était odieuse, barbare, cruelle, cette sorte de *mort vivante*, infligée aux malheureux. « En traitant les fous avec plus d'humanité, en prévenant par des paroles consolantes et par la distraction, l'humiliation, la honte, le désespoir qui les attendent aux premières lueurs de la raison, en leur épargnant les moyens tels que les drastiques, les percussions et la terreur de l'eau froide, qui ébranlent trop fortement leurs nerfs affaiblis, après les saignées à outrance, en réservant la douche pour servir de moyen de correction dans certains cas, on obtiendrait un bien plus grand nombre de guérisons qu'il ne s'en opère à l'ordinaire. »

Comme celui des maladies générales, le traitement de l'aliénation est préventif ou curatif, et, dans les deux cas, il exige l'emploi simultané de moyens physiques et moraux appropriés à l'état que l'on veut prévenir ou faire cesser. Il y a lieu également de distinguer si le crime a été commis par un individu jouissant d'une certaine dose de raison, ou par un homme en état de délire, division bien subtile et bien délicate à établir, car, dans certaines circonstances, le fou peut avoir conscience de son acte, savoir qu'il a fait mal, mais il a cédé à une impulsion plus forte que sa volonté, à un entraînement irrésistible, et cette question se rattachant à la médecine légale, nous ne nous y arrêterons pas ici. Il suffit de l'avoir signalée.

Le traitement, avons-nous dit, est préventif ou curatif. Voyons donc ce que l'on est en droit d'attendre de chacun d'eux.

Traitement préventif. — Faire une large part à la prophylaxie, c'est reconnaître et avouer que c'est là le point capital du traitement. N'est-il pas en effet plus logique, plus naturel, plus simple de chercher à prévenir une maladie, à l'enrayer dans son essor et dans sa marche, que d'attendre qu'elle soit pleinement développée pour lutter contre elle?

Essayer de modifier les conditions intellectuelles, physiques et morales de ceux qui, à divers titres, présentent des altérations intellectuelles, physiques et morales, tel doit être le but de ce genre de traitement qui se confond du reste dans beaucoup de cas avec les prescriptions de l'hygiène physique et morale. Les conseils que donne sur ce point Calmeil (1) ont une telle importance et résument avec tant de sagacité tout ce qu'on a dit et tout ce qu'on peut dire sur ce sujet, que nous nous faisons un véritable devoir de citer les paroles du savant élève d'Esquirol :

« Pendant que ces individus confinent encore à l'enfance, le médecin qui aura bien voulu se charger de leur donner des soins devra souvent intervenir pour recommander aux personnes qui les entourent ou qui les élèvent de leur éviter les châtiments et les réprimandes, car, si l'on irrite leur caractère, si on les expose à des émotions trop vives, trop souvent répétées, on court risque de provoquer leur colère et ils passent facilement de la colère aux convulsions. D'un autre côté, les enfants qui doivent le

(1) Calmeil, *ouvr. cité*, p. 650 et suiv.

jour à des mélancoliques sont disposés tantôt à la frayeur, tantôt aux attentats de la jalousie. L'expérience du médecin ne manquera pas de signaler à temps ces divers écueils à la sollicitude des mères et des nourrices, afin qu'elles s'appliquent sans cesse à les éviter ou à en atténuer les effets.

« Lorsque les sujets prédisposés aux dérangements du système nerveux sont arrivés à l'âge où l'on a l'habitude de leur faire fréquenter les écoles et les lycées, le médecin leur rendrait d'importants services en intervenant à propos auprès des instituteurs, auprès des maîtres, pour les guider dans la manière dont ils devront s'y prendre pour développer leur intelligence sans la fatiguer. Quelques-uns de ces enfants, remplis d'ardeur pour l'étude, demanderont à être retenus plutôt que stimulés, car leur élan tient déjà parfois à un excès de surexcitation cérébrale. D'autres, doués de peu de moyens, ne devront point être sermonés ni châtiés comme des paresseux. On achèverait de les abrutir en usant à leur égard de pareils procédés. D'autres devront être éloignés des milieux où l'on enseigne, car la nullité absolue de leur intelligence les exposerait à être incessamment bafoués par leurs condisciples. Mais souvent l'intervention des médecins est nécessaire pour faire goûter aux parents et aux maîtres les préceptes d'une aussi grande simplicité.

« Beaucoup de ces enfants sont enclins et livrés à l'onanisme : certains penchants, beaucoup d'instincts se montrent d'autant plus impérieux chez eux que le niveau de l'intelligence est plus abaissé. On devra donc surveiller assidûment les habitudes de ces enfants, les obliger à vivre sous les yeux de leurs proches, à exercer leur système musculaire et à fuir l'isolement. Les attaques convulsives sont des accidents fréquents chez les enfants dont nous nous occupons... Les enfants qui naissent dans des conditions plus ou moins prononcées d'imbécillité ou d'idiotisme, qui se font remarquer en outre par des phénomènes permanents de contracture, par des symptômes incomplets d'hémiplégie, par l'atrophie d'un membre ou de leur côté paralysé et souvent par l'intensité de l'épilepsie dont ils sont affligés, portent presque constamment dans le cerveau des foyers d'encéphalite anciens à l'état celluleux. Il n'est pas toujours facile de décider si ces foyers d'encéphalite ont pris naissance sous l'influence d'une cause réflexe, ou sous l'influence d'une cause traumatique. Mais, comme on entend presque toujours affirmer aux mères de ces enfants qu'elles ont été exposées, pendant la gestation, soit à de fortes commotions morales, soit à des ébranlements physiques, les médecins ne doivent pas craindre de répéter souvent aux femmes enceintes et surtout à celles qui le sont pour la première fois, qu'elles s'exposeraient à donner le jour à des enfants inintelligents et contrefaits, en négligeant les précautions qui doivent les mettre à l'abri tant des influences morales violentes que des coups et des chutes. »

Le rôle que l'éducation est appelée à jouer est

donc des plus importants : la période comprise entre six et douze ans est de toutes celle qui demande
le plus de précautions, car les impressions que
nous recevons à cet âge sont celles qui ont le plus
de puissance sur notre âme et qui laissent le plus
de traces dans nos souvenirs.

Dans un remarquable travail M. S. A. Meunier,
ancien directeur de l'école normale, a tracé, avec
l'autorité qui s'attache à tous ses récits, le rôle de
la famille dans l'éducation. Nous regrettons de ne
pouvoir suivre dans leur développement ces signes
dus à la plume d'un homme qui a consacré sa vie à
l'enseignement des enfants et à la formation des
maîtres. Nul plus que lui n'avait les qualités vou-
lues pour traiter un pareil sujet (1).

Une recommandation essentielle, sur laquelle on
ne saurait trop insister, c'est de réprimer de bonne
heure chez les enfants les instincts de cruauté qui
les poussent à maltraiter les animaux, à jouir de
leurs souffrances. La nature humaine doit respecter
la vie, même chez les animaux inférieurs. On ne
saurait trop mal augurer de ces tendances funestes
pour l'avenir de ces enfants. Que de fois ces jeux
barbares n'ont-ils pas été le point de départ des
actes les plus terribles ! Habitués dès leur plus
tendre enfance à voir couler le sang, à s'amuser des
contorsions des animaux torturés, la vie humaine
n'a plus de valeur à leurs yeux et ils ne reculent

(1) S.-A. Meunier, *Un journal de médecine mentale de Delasiauve,*
I, 90.

pas devant l'assassinat pour le motif le plus futile.

Il est encore une question qui, à nos yeux, a la plus haute importance.

Chacun de nous a pu constater l'influence fâcheuse des feuilles publiques sur la production des crimes. Leurs récits, généralement choisis parmi les plus émouvants, affectent profondément une imagination avide d'extraordinaire. Bien souvent nous nous sommes déjà élevé avec énergie contre cette tendance déplorable de certaine presse qui se complaît dans les détails les plus minutieux, dans les récits les plus circonstanciés de crimes épouvantables. Puis l'on s'occupe de la personne de l'assassin. On cherche à connaître tout ce qu'il fait, on veut savoir ce qu'il boit, ce qu'il mange, on veut connaître ses occupations dans sa cellule, on cite des pièces de vers, on reproduit ses dessins, en un mot on lui élève un piédestal, on en fait un héros !

Combien de malheureux, prédisposés il est vrai, ne sont-ils pas grisés par ces récits dont chaque jour ils dévorent les moindres détails ? Combien parmi eux ne succombent-ils pas à la tentation de se voir, eux aussi. l'attention du public ? Que la petite presse supprime donc ces récits à sensation : la morale y gagnera. Il serait absurde de penser que la liberté de la presse, dont nous sentons le prix comme tout le monde, serait compromise un seul instant si elle évitait de tomber dans les nombreux abus que nous venons de signaler.

Traitement curatif. — Quelque limités que soient

les moyens d'action de la thérapeutique et l'incertitude absolue où l'on se trouve de la manière d'agir
des différents médicaments vis-à-vis de ces névroses protéiformes si bizarres, si anormales, si variables
dans leurs manifestations, il ne faut cependant pas
rester inactif en présence d'une maladie aussi redoutable dans ses conséquences. Le traitement qu'on
peut appeler curatif doit être basé sur la nature
même du mal dans son essence, dans sa cause gé-
nératrice, sur la marche de la maladie et de son pronostic..., etc.

On comprend dès lors combien les indications sont
variables et nombreuses. Si les unes trouvent leur
réalisation dans l'hygiène et la prophylaxie, les autres peuvent être remplies par les agents pharma-
ceutiques que le formulaire des maladies mentales
et nerveuses met à notre disposition.

L'instantanéité des phénomènes maladifs, leur pé-
riodicité, leur rémittence chez les aliénés héréditaires, par exemple, tout en indiquant que le pronostic
est grave, n'impliquent pas cependant des chances
aussi fatales que quelques médecins sont tentés de le
croire, et grâce à un traitement énergique et appro-
prié, on peut voir s'établir de solides guérisons.

Méthode débilitante. — Parmi les moyens auxquels
on peut avoir recours, le traitement antiphlogistique,
qui autrefois eut une si grande popularité et aujour-
d'hui trop injustement abandonné, occupe le premier
rang.

Partant de ce principe que la folie est une irri-

tation', Broussais disait (1) : si nous supposons la
maladie, comme cela doit être, à son début et à son
plus haut degré, nous la verrons avec des symptômes d'irritation inflammatoire. Ce sera une encéphalite que nous aurons à combattre. Nous devons donc
l'attaquer par les saignées, l'abstinence, les boissons
émollientes et par l'application du froid.

Employé avec discernement, le traitement antiphlogistique peut rendre les plus grands services. Dans
la majorité des cas, les saignées doivent être plutôt
dérivatives que franchement déplétives, car les pertes
copieuses de sang ne sont pas toujours sans danger
dans le délire. Pour juger du résultat, on n'a qu'à se
reporter à l'époque encore peu éloignée de nous où
tous les malades qui entraient dans un hôpital étaient
saignés, tout d'abord, quelle que fût leur maladie. A
cette époque encore la saignée était le seul remède
contre la folie et Dieu sait combien était grand le
nombre de malheureux qui terminaient leurs jours
dans la démence !

De nos jours, l'emploi judicieux de ce traitement
rend d'incontestables services : son indication est
formelle chez les individus congestionnés, chez les
jeunes filles mal réglées par pléthore..., etc. Des
sangsues derrière l'oreille ou à l'anus chez les uns,
à la face interne des cuisses chez les autres, ont souvent suffi pour prévenir l'explosion d'un accès de
folie, et principalement chez les héréditaires.

---

(1) Broussais, *ouvr. cité*, p. 512.

On peut encore avoir recours aux ventouses scari-
fiées, dont l'efficacité est incontestable et qui, de plus,
possèdent une action plus immédiate.

Comme adjuvant de ce traitement, il convient de
signaler l'emploi simultané de la diète, de boissons
délayantes et de purgatifs.

Il suffit de citer le nom de l'*Ellébore*, pour faire
souvenir immédiatement combien la médication pur-
gative était en honneur chez les anciens : et encore
ici, il est incontestable que l'abus que l'on a fait des
purgatifs n'a pas peu contribué à faire délaisser aussi
cette méthode.

Certes, il est inutile d'augmenter l'irritabilité des
intestins ; mais quand on voit les inconvénients, nous
devrions dire les dangers, d'une constipation prolongée, lorsqu'un dérivatif est jugé nécessaire, on ne
peut en méconnaître l'utilité et surtout des purgatifs
salins et résineux. Chacun sait que des guérisons
inattendues se sont produites chez certains malades
sous l'influence d'une diarrhée intense.

En opposition avec la méthode débilitante, il faut
placer une méthode qui, de nos jours, a pris, à juste
titre, une place importante dans la thérapeutique
générale et dans la thérapeutique des affections
mentales en particulier. Nous avons nommé la méthode reconstituante.

Méthode reconstituante. — Malheureusement, trop
fréquemment encore, il arrive que la misère physique
et morale, par ses privations de toutes sortes, engendre un délire le plus souvent de nature grave. On voit

aussi, dans les campagnes surtout, les aliénés livrés à des mains inintelligentes et obéissant à un préjugé populaire, tomber dans le marasme le plus profond à la suite de privations de toute nature, de saignées exagérées pratiquées dans le but de lutter contre l'état d'excitation, de délire, d'hallucination... où se trouvent les malades. Or, dans les cas de ce genre, le traitement doit répondre à cette indication spéciale, tonifier, remonter le physique, redonner au malade le moyen de lutter contre sa débilité mentale.

Ici se placent naturellement les alcools (potion de Todd), les quinquinas, les viandes crues..., etc. Un régime réparateur, dans bien des cas, amène une amélioration notable, parfois même une guérison complète de tous les accidents psychiques chez ces malheureux.

Antispasmodiques. — Là où, suivant tel système de médecine, des saignées et l'appareil antiphlogistique le plus sévère auraient paru tout indiqués, on est tout surpris de voir quelques antispasmodiques, la valériane, l'asa-fœtida, l'éther, l'opium, la belladone, etc., apaiser des névroses qui simulaient les plus graves des pyrexies ou des phlegmasies.

Il est donc quelques variétés de folie, et ce sont les plus nombreuses, qui, à leur début, présentent des indications accessoires, il est vrai, mais incontestables pour la médication antispasmodique.

Les agents antispasmodiques proprement dits sont ceux qui ne peuvent déterminer l'anesthésie : leur action ne va pas jusqu'à l'abolition de la sensibilité, ni à la résolution musculaire. Ce sont des diminutifs des agents anesthésiques. Parmi eux on compte la valériane, le camphre, le laurier-cerise, l'oranger, le tilleul, les ombellifères aromatiques et résineuses (asa-fœtida, sagapenum album..., etc.), et les produits musqués (musc, castoreum, civette...), d'autres plus énergiques tels que le chloroforme, le chloral, le bromoforme, l'éther..., etc., qui, respirés à faible dose ou absorbés par la méthode gastro-intestinale, ne font que modérer le système réflexe, sans jamais l'abolir. On peut ajouter aussi à ce groupe les opiacés, notamment la narcéine et la morphine dont l'emploi en injections sous-cutanées paraît donner, entre les mains de certains expérimentateurs, de précieux résultats.

Enfin, nous croyons devoir placer parmi les antispasmodiques puissants les bains, l'hydrothérapie.

Les *bains*, qui constituent un des remèdes le plus anciennement connus et le plus habituellement employés dans la folie, sont de plusieurs sortes : bains tièdes, chauds, froids, médicamenteux..., etc. Les bains tièdes prolongés ont une propriété exclusivement calmante que tout le monde connaît. « Les bains tièdes ou frais, dit Esquirol, provoquant le sommeil, sont vraiment efficaces et n'offrent aucun danger (1). »

Les bains doivent être employés avec discernement. Les indications favorables sont : le jeune âge, une explosion prompte de la manie, une manie aiguë

____

(1) Esquirol, *ouvr. cité*, I, 153.

avec association à la mélancolie, une grande activité
corporelle, la netteté dans les idées, un état continu
de fureur, d'agitation, un cas récent, de fortes passions... Les contre-indications sont l'âge avancé,
l'état cachectique, un corps affaibli par la misère, une
incohérence d'idées sans agitations, un affaiblisse-
ment progressif de l'intelligence, des symptômes pa-
ralytiformes, épileptiformes, des gesticulations, un
état chronique, des retours réguliers de la maladie,
de la pâleur, de la maigreur, un pouls filiforme, des
pertes utérines, de la leucorrhée, l'absence d'agitation, de la contraction, un état comateux, un affai-
blissement général (1).

L'*hydrothérapie* est un moyen précieux dont tous
les effets se font promptement sentir. C'est là un
remède qui peut être employé partout et par tous et
qu'il suffira de signaler, ne voulant pas entrer dans
l'examen de cette question qui demande une étude
toute spéciale.

De même en est-il encore pour les affusions. On
n'emploie plus guère les douches proprement dites,
ces douches à jet énorme, volumineux, qui consti-
tuaient pour le malade un véritable supplice sans
que pour cela il en retirât un bien-être marqué.
Loin de là ! Aujourd'hui, on ne se sert plus que des
affusions qui sont toujours très bien acceptées par
les malades et dont le résultat est bien plus efficace.

Pour terminer cette énumération déjà si longue et

____

(1) Guislain, *Leçons orales*, III, 199.

pourtant si incomplète des différentes méthodes de traitement, il convient de signaler ce qu'on pourrait appeler le *traitement moral*, non le traitement moral tel que le comprenait Leuret, c'est-à-dire s'appliquant directement à lutter contre les idées fausses des insensés, à vouloir substituer sa volonté propre à leur volonté... morbide, à redresser leurs jugements erronés..., etc., traitement dont les résultats ont été si loin de répondre au but que se proposait leur auteur, mais bien d'un traitement moral général, en quelque sorte, dont le véritable représentant, l'unique, pourrions-nous dire, est l'*isolement*.

Isolement! il ne faudrait pas prendre ce mot à la lettre et l'appliquer de même à tous les individus atteints de la maladie dont nous nous occupons. Ce serait là une grande erreur : isoler un aliéné n'est pas le mettre en cellule, le priver de toute relation extérieure, mais simplement le retirer de son entourage habituel, le mettre dans un asile spécial où il devra se plier à la discipline commune, à une existence plus régulière, qui ne tarderont pas à amener d'heureuses modifications dans son état mental. Mais que pouvons-nous ajouter après les remarquables travaux de tous les maîtres de la médecine mentale? L'utilité de l'isolement n'est plus à démontrer, et s'il est encore malheureusement trop peu employé, il faut s'en prendre aux familles qui, souvent plus soucieuses de leur intérêt propre que de celui des malades, hésitent toujours longtemps avant de prendre ce parti. C'est là une pierre d'achoppement et le médecin ne saurait trop lutter contre une si déplorable erreur.

Dans tout ce que nous avons indiqué comme traitement, il faut se rappeler que tout est subordonné à une quantité de détails pour lesquels le médecin est le seul juge. A lui d'apprécier, à lui d'ordonner ce qui lui paraît devoir être le plus utile à son malade. En médecine mentale, la thérapeutique ne peut être comparée à celle de la médecine générale où, étant donnée une affection, la série des médicaments à employer sera toujours la même. Ici plus de règle fixe : plus de certitude absolue sur l'action d'un remède : mais lorsque le traitement institué ne réussit pas, doit-on pour cela s'abstenir et laisser l'être privé de raison aux seuls efforts de la nature?

Nous ne le croyons pas, car le même fait se voit journellement en pathologie générale et le médecin n'abandonne jamais la partie. Armé des ressources de la thérapeutique, il faut lutter jusqu'au bout, et c'est avec un légitime orgueil que l'on voit ses efforts récompensés.

LÉGISLATION

Les faits sur lesquels nous avons basé cette étude sont si nombreux que le plus souvent, en l'absence de toute cause déterminante plausible, en l'absence de tout désordre mental apparent, l'esprit étonné hésite à se prononcer. On ne peut facilement admettre l'idée qu'un acte aussi terrible que l'homicide ait pu germer dans un jeune cerveau, qu'il puisse être exécuté par un enfant dont on se plaît généralement à reconnaître la nature timide et douce.

Comme tout le monde, nous avons partagé ces idées : mais les explications qui avaient cours ne nous donnant pas une solution satisfaisante, c'est à la psychologie morbide que nous avons dû nous adresser : seule, en effet, elle pouvait nous donner la raison, le pourquoi de ces actes dont l'énormité vient de temps à autre jeter l'effroi parmi les populations.

Or le dépouillement attentif des faits que nous avons signalés dans ce travail établit sans conteste, à notre avis du moins, que sous l'influence de causes variées, la nature de l'enfant, son caractère physiologique, ses facultés mentales pouvaient subir des altérations qui expliquaient suffisamment les actes

auxquels elles entraînent et que vient encore aggra-
ver l'hérédité.

Sans vouloir discuter et rappeler ici les signes sur
lesquels on doit se baser pour conclure à un état
mental anormal, sans rappeler les nombreuses discussions auxquelles donnèrent lieu les aliénés criminels, dans le sein des sociétés savantes (1), admettant comme démontrée la nature morbide des actes,
nous étudierons la question au point de vue qui touche le plus à la pratique.

Justement alarmée de ces meurtres atroces, la
société est en droit de se demander quels sont ses
moyens de défense légitimes.

Contre l'adulte, point de difficulté : la loi est formelle : Le criminel aliéné est irréprochable et aucun
châtiment ne saurait l'atteindre : il est placé d'office
dans un asile. Mais ici surgit une grave question dont
nous ne pouvons nous dispenser de dire un mot :
Lorsqu'au bout d'un laps de temps plus ou moins
considérable, dix, quinze, trente années même, pas-
sées dans le calme le plus profond, cet individu à qui
aucun reproche n'a pu être adressé pendant ce long
séjour, réclame sa sortie comme guéri, que faut-il
faire ? De toutes les éventualités voilà certainement
celle qui doit donner le plus d'épouvante. N'y a-t-il
pas à craindre que redevenu libre, retrouvant le milieu où il a commis le crime qui l'a fait enfermer, il

(1) Société médico-psychologique, *Aliénés criminels en Angleterre*,
1881-1882. — *Des aliénés dangereux et des asiles spéciaux pour les
aliénés dits criminels*. Falret, 1869.

ne recommence sa criminelle tentative, ainsi que le
prouvent des exemples trop nombreux? « En théorie,
dit Christian (1), rien n'est plus simple : il a été malade, il est guéri, il faut le faire sortir. Je voudrais
cependant que l'on fît un peu abstraction du coupable
et que l'on se préoccupât davantage de la victime et
des intérêts de la société. Je dirais volontiers à l'a-
liéné homicide : « Vous avez commis, sous l'influence
de votre délire, un crime épouvantable : nous n'a-
vons pas le droit de vous en demander compte, et
nous ne vous punirons pas. Seulement, comme rien
au monde ne nous garantit que vous n'aurez pas de
rechute, et que vous ne recommencerez pas, trouvez
bon que nous vous tenions renfermé pour le restant
de vos jours. Nous vous rendrons la vie aussi douce
que possible, mais nous ne vous donnerons plus une
liberté dont vous avez déjà fait un mauvais usage et
dont vous pourriez abuser de nouveau. »

Ce serait là certainement la meilleure solution et
nous nous associons pleinement aux conclusions si
clairement exprimées par notre savant confrère.

Mais en est-il de même lorsque le criminel est
un enfant? Vis-à-vis des délits graves commis par
le jeune âge, le code pénal a bien armé la justice
d'une façon sérieuse, mais qui pour nous est insuffisante.

Examinons les différents articles auxquels nous
faisons allusion:

(1) *Société médico-psychologique,* 28 novembre 1881.

L'article 64, bien connu d'ailleurs et souvent invoqué, dit : « Il n'y a ni crime ni délit, lorsque le prévenu était en état de démence au temps de l'action, ou lorsqu'il y a été contraint par une force à laquelle il n'a pu résister. »

Dans le sens de la loi, la démence est plus qu'une simple excuse : elle anéantit tout délit ou crime ; mais si le principe est simple, l'application en est délicate en théorie et souvent très difficile en pratique.

En effet, pour que le châtiment soit efficace, il faut qu'il soit compris de celui à qui on l'applique ; il faut que le coupable jouisse de toute sa volonté, c'est-à-dire de son intelligence, de sa liberté : intelligence de l'acte auquel on concourt, et liberté de s'en abstenir. Nous n'entrerons pas dans les discussions fameuses soulevées sur la criminalité, sur la culpabilité des actes commis dans l'état qu'en droit on appelle du nom commun *monomanie*, cela nous entraînerait trop loin. Mais nous pouvons nous demander si l'enfant doit être considéré comme ayant intelligence et liberté ?

Oui et non, aux yeux du législateur si l'on s'en rapporte aux articles 66 et 67.

« 66. Lorsque l'accusé aura moins de seize ans, s'il est décidé qu'il a agi *sans discernement*, il sera acquitté, mais il sera, suivant les circonstances, remis à ses parents ou conduit dans une maison de correction pour y être détenu et élevé pendant tel nombre d'années que le jugement déterminera et qui toutefois ne pourra excéder l'époque où il aura accompli sa vingtième année. »

« 67. S'il est décidé qu'il a agi *avec discernement*, les peines seront prononcées comme il suit :

«S'il a encouru la peine de mort, des travaux forcés à perpétuité, de la déportation, il sera condamné à la peine de dix à vingt ans d'emprisonnement dans une maison de correction. S'il a encouru la peine des travaux forcés à temps, de la détention ou de la réclusion, il sera condamné à être renfermé dans une maison de correction pour un temps égal au tiers au moins, et à la moitié au plus de celui pour lequel il aurait pu être condamné à l'une de ces peines.

« Dans tous les cas, il pourra être mis par l'arrêt ou le jugement sous la surveillance de la haute police pendant cinq ans au moins et dix ans au plus.

« S'il a encouru la peine de la dégradation civique ou du bannissement, il sera condamné à être enfermé de un an à cinq ans dans une maison de correction. »

Suivant les théories professées à l'école de Paris, les peines, quoique fixes en général, peuvent être mitigées, annihilées, dans certains cas, à raison de circonstances tout à fait personnelles à l'accusé, indépendamment des circonstances atténuantes dont il peut en outre bénéficier. C'est ce qui ressort des articles 64 et 66.

Maintenant la loi veut que lorsque l'accusé est âgé de moins de seize ans, c'est-à-dire, bien entendu, moins de seize ans accomplis, on consulte le jury sur cette question : A-t-il agi avec discernement ?

Or deux cas peuvent se présenter : Dans les deux, le jury a répondu : « Oui, l'accusé est coupable de tel fait. » Mais dans un cas il répond : « Il ne l'a pas commis avec discernement : » — Dans l'autre : « Il l'a commis avec discernement. »

Dans le premier cas l'accusé est acquitté, dans le deuxième il ne l'est pas, mais la peine éprouve une réduction très sensible. Ainsi la peine ne peut jamais être une peine criminelle (peine de mort, travaux forcés, déportation..., etc.), elle ne peut être qu'une peine d'emprisonnement, c'est-à-dire qu'il sera détenu dans une maison de correction jusqu'à un âge fixé.

On ordonne généralement la détention de l'enfant lorsqu'on présume que sa famille ne peut l'élever, ne peut s'en occuper de manière à le remettre dans le droit chemin. De même aussi l'enfant dont la conduite et les actions donnent de graves sujets de mécontentement à son père peut, sur la demande de celui-ci, être détenu pendant un temps variable dans une maison de correction (376-377 code civil), mais le père est toujours le maître d'abréger la durée de la détention par lui ordonnée ou requise (379 Code civil), et on voit tous les jours de malheureux enfants enfermés dans ces maisons spéciales être réclamés par leurs parents qui se servent d'eux comme instrument pour commettre des vols, des abus..., etc. Il faut le reconnaître, la loi est ici impuissante : elle s'efface devant l'autorité du père de famille, qui a toute puissance sur ses enfants : *In potestate nostrâ sunt liberi nostri, quos ex justis nuptiis procreaverimus.* (Justinien, I, tit. IX.)

En Angleterre, on s'occupe depuis longtemps du sort de ces malheureux : lorsqu'un enfant se trouvant dans ces conditions est recueilli dans un des asiles (1) fondés il y a vingt ans par une société générale pour réformation et refuge (*Reformation and refuge union*), on fait signer aux parents un écrit par lequel ils abandonnent leurs droits sur lui jusqu'à ce qu'il ait atteint seize ans, s'engageant, s'ils veulent le reprendre, à payer tous les frais de son éducation jusqu'au moment où ils le reprennent. S'il y a désaccord, la question est portée devant le magistrat de police qui décide selon les termes du contrat (2).

En droit, la peine de détention dans une maison de correction n'est pas une mesure pénale. En fait,

(1) On en compte actuellement 19 dont 6 pour filles (Voir 25ᵉ rapport annuel de l'Union, 1881).

(2) L'asile le plus important de ce genre fut fondé en 1871 par le Dʳ Barnado, sous le titre de *Home for destitute lads and girls ;* cet asile compte aujourd'hui un millier d'enfants, filles et garçons sauvés de la souffrance physique, du plus affreux dénuement et du plus grand péril moral. Pour les enfants plus jeunes, le Dʳ Barnado a organisé à Jersey un refuge dans une campagne où ils restent jusqu'à l'âge de 10 ans, époque à laquelle ils sont versés dans l'établissement central de Londres.

En France, cette question préoccupe depuis plusieurs années les gens soucieux du bien-être du peuple ; et pour ne citer que deux noms bien connus, MM. Bonjean et l'abbé Roussel ont créé des institutions analogues, en pleine voie de prospérité, dont les résultats n'ont rien à envier à ceux obtenus en Angleterre.

elle l'est au point de vue de l'enfant puisqu'elle le prive de sa liberté.

Animé d'un sentiment très louable sans doute, mais que nous n'admettons qu'avec réserve, le législateur a voulu que dans la plupart des cas où un mineur est accusé d'un crime, il ne soit pas traduit en cour d'assises, comme le demande la nature du fait, mais seulement devant les tribunaux correctionnels, dans la pensée de lui épargner la triste solennité, les vives impressions et notamment l'espèce de déshonneur qui s'attache toujours à l'éclat d'une poursuite en matière criminelle proprement dite, devant un jury et devant les assises.

« 68. L'individu âgé de moins de seize ans qui n'aura pas de complices présents au-dessus de cet âge, et qui sera prévenu de crimes autres que ceux que la loi punit de la peine de mort, de celle des travaux forcés à perpétuité, de la peine de la déportation ou de celle de la détention, sera jugé par les tribunaux correctionnels qui se conformeront aux deux articles ci-dessus. »

Il est à remarquer que quand la loi ordonne de traduire devant les tribunaux correctionnels l'accusé prévenu d'un crime et qui a moins de seize ans, elle y fait deux exceptions :

1° Lorsque ces crimes sont de nature à entraîner la peine de mort et autres qu'elle indique ; 2° lorsque, quelle que soit la nature du crime, l'accusé a des complices âgés de plus de seize ans, qui sont présents, le complice majeur de plus de seize ans entraînera le mineur devant la cour d'assises, si elle est compétente pour juger le majeur.

Ainsi qu'on le voit par les articles ci-dessus, le texte de la loi est suffisant dans une certaine mesure pour la répression des crimes.

Mais nous la trouvons insuffisante lorsqu'on se trouve en face de ces êtres de nature spéciale, de ces natures morbides dans leur essence même, de ces incomplets que leur organisation viciée soit originellement, soit par des causes accidentelles physiques ou morales, porte à mal faire, à être dans un continuel état de guerre avec leurs semblables. Ces enfants se plaisent à inquiéter, à tourmenter de mille manières ceux qui vivent avec eux, à exciter la colère, à amener des rixes et des scènes de violence. La brutalité de leurs passions, l'emportement de leurs désirs, la perversité froide de quelques-uns d'entre eux les rend odieux à tout le monde. Incapables d'être mus par une impression étrangère à leurs penchants vils et désordonnés, ils n'ont d'esprit, d'imagination que pour satisfaire ces penchants. Le génie du mal domine toutes leurs facultés. Chez quelques-uns, le besoin de mal faire est impérieux, irréfléchi, ne se déduit d'aucune cause : ils agissent d'une manière purement *instinctive* sans impulsion raisonnée, sans autre motif que celui de faire du mal.

Si donc il est des enfants criminels capables de retirer quelque avantage du régime disciplinaire auquel ils seraient soumis pendant leur détention, qui, profitant de leur séjour dans la maison, apprendraient un métier permettant de gagner honorablement leur vie lorsqu'ils seront libres, il en est d'autres sur lesquels aucune bonne influence n'aura prise. Ceux-là sortiront tels qu'ils sont entrés, souvent même plus corrompus, animés d'une haine profonde contre la société, et, rendus à la liberté, ils mettront toute leur intelligence au service de leur perversité. Ils sont destinés à traîner leur vie de prison en prison jusqu'au jour où la société, fatiguée de leurs forfaits, les envoie finir leur misérable existence dans une colonie pénitentiaire ou même sur l'échafaud.

La société n'est pas suffisamment armée par l'article 67 du code pénal contre ces précoces criminels dont notre époque offre malheureusement plus d'un exemple.

L'affaire Lemaître, cet enfant de 15 ans qui a tué le petit Shœnen, sans motif, parce qu'il « a vu rouge », a tout dernièrement rappelé l'attention sur l'insuffisance de la loi.

Bénéficiant de cet article 67, le malheureux, qui d'après examen médico-légal fut déclaré « sain d'esprit », ne fut condamné qu'à vingt ans de détention, la peine la plus élevée qu'on ait pu lui appliquer.

Or, en admettant qu'il subisse sa peine intégralement, qu'il ne soit pas compris dans un décret de grâces collectives, qu'il ne cherche pas à satisfaire de nouveau ses appétits sanguinaires sur ses gardiens ou ses co-détenus, à trente-cinq ans il sortira libre de la prison.

Croit-on qu'il en sortira moralisé et inoffensif?
Espère-t-on que ce séjour de vingt ans dans une maison de correction aura fait du précoce assassin un ouvrier paisible et rangé? Ou au contraire ne craint-on
pas qu'il ne rentre dans le monde plus aigri, plus dé-
pravé, plus redoutable ?

En admettant même que la répression soit suffisante, peut-on affirmer que la société soit suffisamment sauvegardée?

Pas plus que nous, M. Brézeault, substitut du procureur de la république à Troyes, à qui nous empruntons ces réflexions si sages, n'est convaincu de
l'influence moralisatrice de l'emprisonnement cellu-
laire à longue durée, et il conclut à la transportation.

« Nous comprenons parfaitement, dit-il, que les
législateurs de 1810 n'aient pas voulu qu'un enfant
de moins de seize ans pût être condamné à mort :
qu'ils n'aient pas admis davantage qu'il fût envoyé
dans une maison centrale, ce séjour d'immoralité et
de corruption ; nous comprenons enfin qu'ils aient
tenu à lui épargner les rudes travaux du bagne.

« Mais aujourd'hui le bagne n'existe plus et cette
dernière considération doit disparaître.

« La détention, si longue qu'elle soit, de ces jeunes
condamnés dans une maison de correction est-elle
une garantie de moralisation pour eux et une garantie
de sécurité pour nous ?

« Ne serait-il pas préférable à tous les points de vue
de les transporter aux colonies, et n'est-ce pas là
qu'est le seul espoir de régénération ?

« En conséquence, ne serait-il pas plus utile et opportun de modifier l'article 67 en permettant. pour les crimes les plus graves, l'application aux mineurs de seize ans de la peine des travaux forcés, c'est-à-dire la transportation, l'emprisonnement correctionnel restant applicable aux crimes moins graves? »

Cette opinion, émise dans un journal judiciaire (1) par un magistrat éclairé, a un grand poids et nous ne pouvons que nous associer pleinement à cette manière de voir, qui sera, nous en sommes convaincu, celle de la majorité.

La répression doit être proportionnée au crime : l'homicide jeune, l'homicide enfant, est un être dangereux dont il faut se garer et la société a le droit d'exiger qu'on le mette hors d'état de nuire.

Est-il sain d'esprit, d'après les constatations médico-légales ?

La transportation.

Est-il aliéné. faible d'esprit? est-ce un être incomplet moralement parlant. n'ayant par conséquent qu'une responsabilité nulle ou très limitée?

L'internement dans une maison de santé le mettra hors d'état de nuire, et ces mesures énergiques, mais nécessaires seront, concurremment avec d'autres dont nous avons laissé entrevoir l'utilité dans le courant de ce travail, la sauvegarde de la société.

(1) Le journal *la Loi*, juillet 1881.

CONCLUSIONS

1° Pour trouver une explication scientifique satisfaisante des crimes commis par les enfants, il faut tenir compte de plusieurs facteurs :

Les uns d'ordre moral, les autres d'ordre physique.

Parmi les premiers, les principaux sont : la nature physiologique de l'enfant, l'hérédité qui lui imprime fatalement ses stigmates indélébiles, l'éducation, les passions, l'esprit d'imitation inhérent à sa nature même, etc.

Parmi les seconds : les traumatismes, les empoisonnements, l'établissement de la puberté, etc.

2° Quoique malheureusement trop fréquents de nos jours, ces crimes ne sont pas un résultat de notre civilisation. L'histoire des peuples nous en fournit des exemples restés célèbres.

3° Au point de vue anatomo-pathologique, on ne peut, dans l'état actuel de la science, tirer des conclusions positives de la présence fréquente d'une circonvolution supplémentaire chez certains homicides, au point de vue de la localisation de l'instinct du meurtre.

4° La symptomatologie est celle des affections ner-

veuses en général. Aucun signe pathognomonique
ne peut permettre d'affirmer la nature éminemment
dangereuse de la maladie.

5° Le pronostic est le plus souvent, pour ne pas
dire toujours, fatal.

6° Le traitement est celui des affections mentales
et est subordonné à une foule de questions particulières.

7° La législation, tout en armant la société contre
ces précoces assassins, est néanmoins insuffisante
puisque, condamnés à une simple détention jusqu'à
un âge déterminé par le jury, elle les rend à la liberté
à l'expiration de leur internement.

D'accord avec un grand nombre de médecins et de
magistrats, nous voudrions que ces tristes individus
fussent mis à tout jamais dans l'impossibilité de nuire
et qu'ils fussent ou transportés ou renfermés dans des
asiles spéciaux, suivant que le tribunal, après examen
d'expert, les aura déclarés comme ayant agi avec discernement ou ayant agi sans discernement, les aura
considérés comme sains d'esprit ou en démence.

TABLE DES MATIÈRES

Avant-propos 1

Historique 13

Étiologie 19

1° *Causes tenant à la nature morale* 19

    a. Hérédité 21

    b. Caractère 33

    c. Éducation 50

    d. Passions 55

    e. Colère 59

    f. Frayeur 62

    g. Imitation 64

    h. Lycanthropie 72

2° *Causes tenant à la nature physique* 81

    a. Puberté 82

    b. État morbide ou morbidité 88

    c. Impulsions 89

    d. Hystérie 94

    e. Épilepsie 97

    f. Hallucinations 100

    g. Imbécillité 107

    h. Surdi-mutité 111

    i. Intoxications 114

        Alcoolisme 114

    j. Solanées vireuses 117

    k. Traumatismes 122

    l. Onanisme 123

    m. Maladies générales 127

    n. Rachitisme 131

ANATOMIE PATHOLOGIQUE.   133

SYMPTOMATOLOGIE.   144

PRONOSTIC.   154

DIAGNOSTIC.   159

TRAITEMENT.   164

LÉGISLATION.   181

CONCLUSIONS.   193

FIN DE LA TABLE DES MATIÈRES.

4913-81. — Corbeil, typ. et ster. CRÈTE.